Monsieur B

La vérité sur le baccalauréat

ALBIN MICHEL

Mise en couleurs : Sophie Dumas

Introduction

Avoir son bac, oui... mais pourquoi ?

"Ben... pour les géraniums !"

Nicolas le Jardinier

SACRÉ NAPOLÉON ! EN DIGNE "HÉRITIER" DE CHARLEMAGNE, C'EST LUI QUI INSTAURA EN 1808 L'ÉPREUVE DU BACCALAURÉAT...
ÉLÈVE NAPO, AU TABLEAU !
HEUREUSEMENT QU'J'AI TOUJOURS MES ANTISÈCHES SUR MOI !!
FOUILLE FOUILLE

SYNONYME DEPUIS CETTE ÉPOQUE DE RÉUSSITE SCOLAIRE, LE BAC HANTE CHAQUE LYCÉEN LE PRINTEMPS VENU...
TU M'ACCOMPAGNES À LA PISCINE ?!
BEN, EUH, NON !... 'FAUT QU' J'RÉVISE !
HORMIS LE FAIT D'ENORGUEILLIR VOS PARENTS, CET EXAMEN EST UN PALLIER À FRANCHIR POUR QUE S'OUVRENT LES PORTES D'UN AVENIR RADIEUX...
Y A T'IL UN BACHELIER PARMIS VOUS ?!
OUI CHEF !!
... TRÈS BIEN, CORVÉE DE PATATES POUR L'ÉRUDIT D'SERVICE !!
VOTRE DESTIN EST ENTRE VOS MAINS, IL VA FALLOIR DONNER UN SÉRIEUX COUP DE COLLIER...
TOUT COMPTE FAIT, J'AI PU M'LIBÉRER !
AH !... QUEL DOMMAGE, TOUT COMPTE FAIT, J'VAIS RENTRER !
... PARCE QU'IL EST TOUJOURS PLUS AGRÉABLE DE CONCLURE PAR UNE RÉUSSITE !
ALORS, TU L'AS EU ?!
OUI, MAIS J'TE MONTRERAI PAS OÙ !!

Choisir son bac

VOUS N'AVEZ PAS ENCORE LA MOINDRE IDÉE DE CE QUE VOUS VOULEZ FAIRE PLUS TARD, ET POURTANT, IL FAUT DÉJÀ CHOISIR SA VOIE...
RUSSE ET GREC ANCIEN ? ... VOUS ÊTES SÛR QUE C'EST TENDANCE TROISIÈME MILLÉNAIRE ?!
LYCÉE

"Moi, on me l'a imposé !"

Félix le Chat

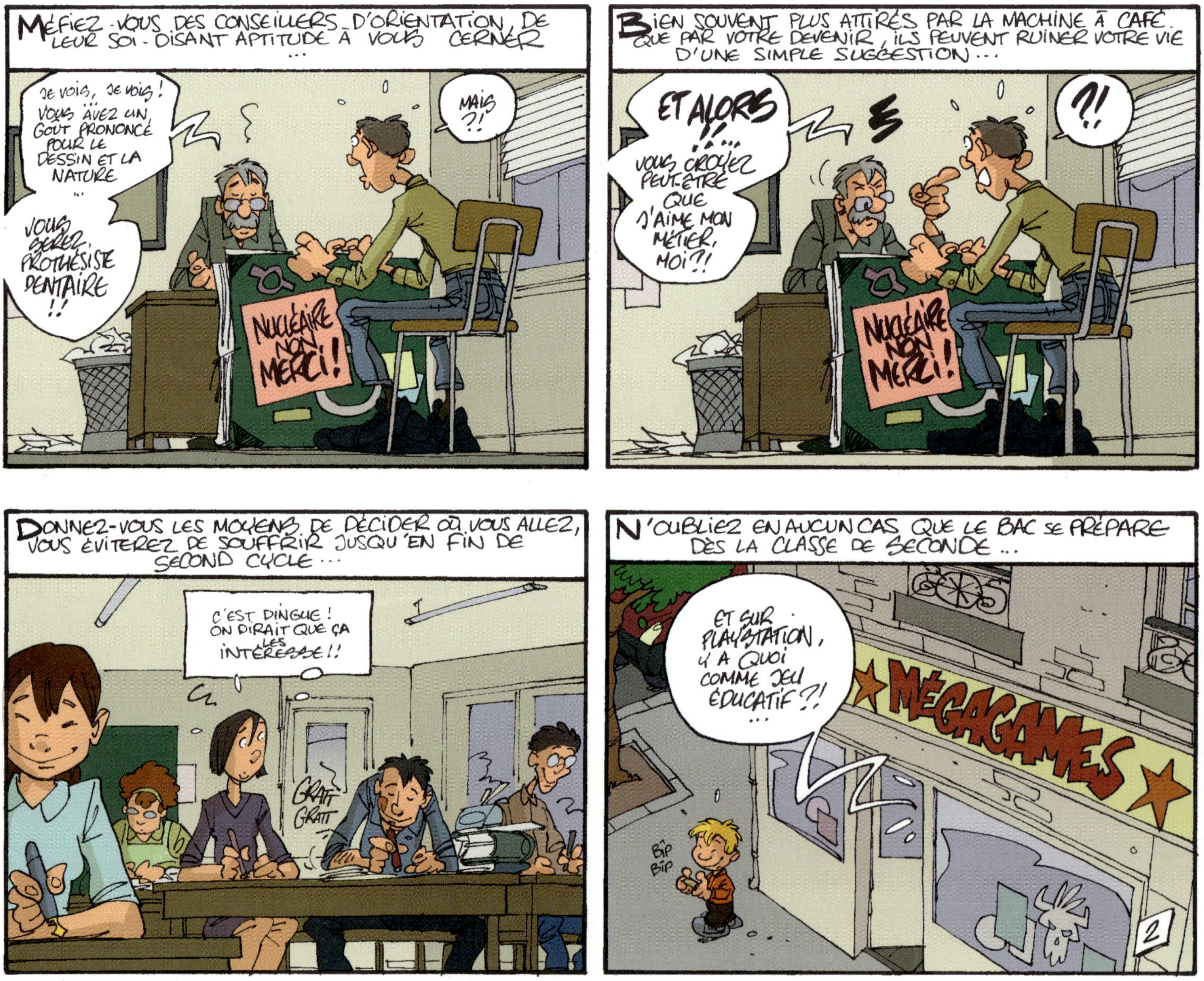
MÉFIEZ-VOUS DES CONSEILLERS D'ORIENTATION, DE LEUR SOI-DISANT APTITUDE À VOUS CERNER...
JE VOIS, JE VOIS ! VOUS AVEZ UN GOÛT PRONONCÉ POUR LE DESSIN ET LA NATURE...
VOUS SEREZ PROTHÉSISTE DENTAIRE !!
MAIS ?!
NUCLÉAIRE NON MERCI !
BIEN SOUVENT PLUS ATTIRÉS PAR LA MACHINE À CAFÉ QUE PAR VOTRE DEVENIR, ILS PEUVENT RUINER VOTRE VIE D'UNE SIMPLE SUGGESTION...
ET ALORS !!... VOUS CROYEZ PEUT-ÊTRE QUE J'AIME MON MÉTIER, MOI ?!
?!
NUCLÉAIRE NON MERCI !
DONNEZ-VOUS LES MOYENS DE DÉCIDER OÙ VOUS ALLEZ, VOUS ÉVITEREZ DE SOUFFRIR JUSQU'EN FIN DE SECOND CYCLE...
C'EST DINGUE ! ON DIRAIT QUE ÇA LES INTÉRESSE !!
GRATT GRATT
N'OUBLIEZ EN AUCUN CAS QUE LE BAC SE PRÉPARE DÈS LA CLASSE DE SECONDE...
ET SUR PLAYSTATION, Y A QUOI COMME JEU ÉDUCATIF ?!...
MÉGAGAMES
BIP BIP

La seconde

DU STATUT DE GRAND DU COLLÈGE, ON SE RETROUVE PETIT LYCÉEN...
M'SIEUR, M'SIEUR, Y A MON COPAIN QUI M'EMBÊTE !!...
ZY VA, LÂCHE-MOI, J'SUIS PAS UN PROF !!
CBAF!

"J'comprends pas, après avoir passé la seconde, on devrait se retrouver en troisième !"

Alain Prost

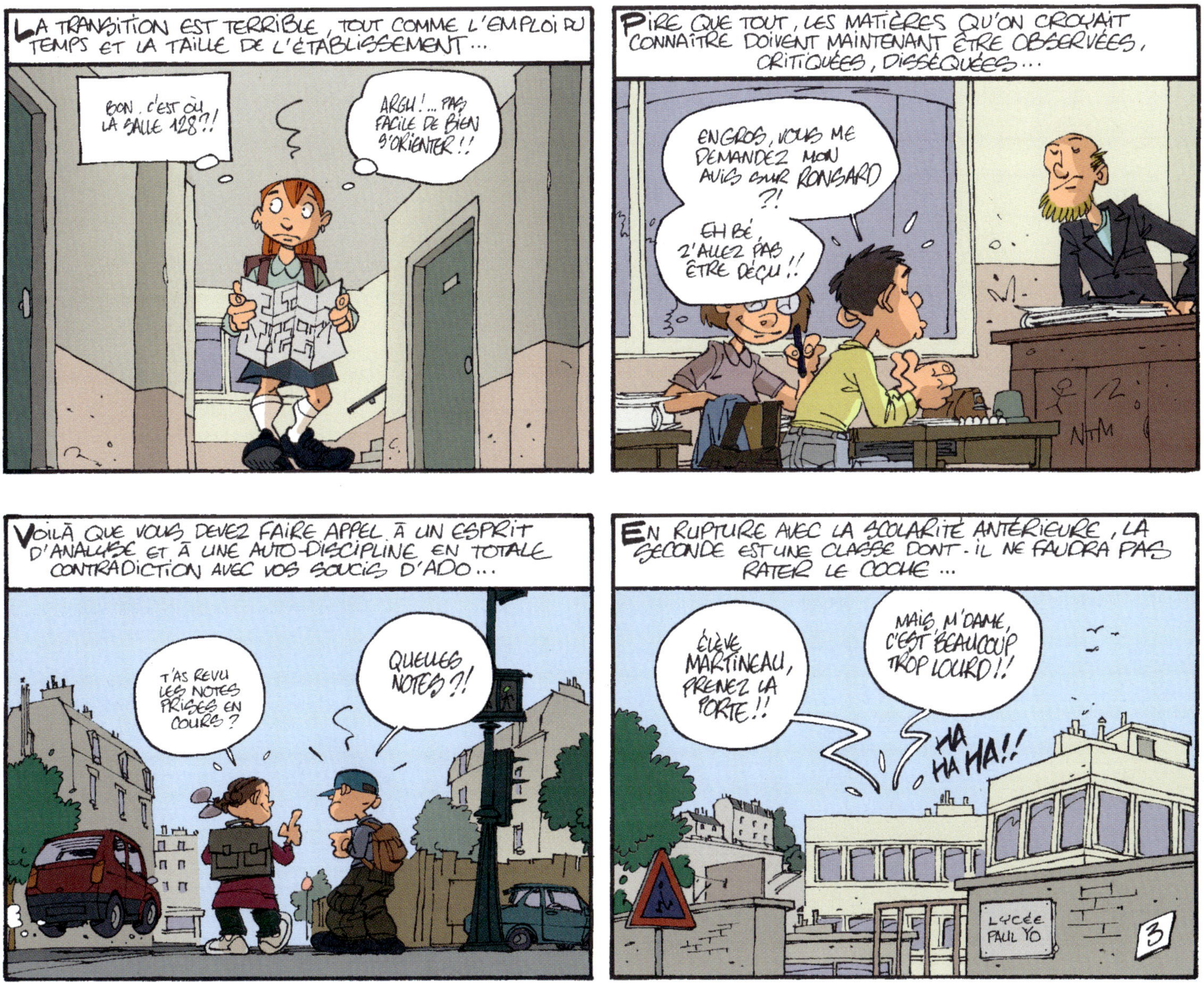
LA TRANSITION EST TERRIBLE, TOUT COMME L'EMPLOI DU TEMPS ET LA TAILLE DE L'ÉTABLISSEMENT...
BON. C'EST OÙ LA SALLE 128 ?!
ARGH !... PAS FACILE DE BIEN S'ORIENTER !!
PIRE QUE TOUT, LES MATIÈRES QU'ON CROYAIT CONNAÎTRE DOIVENT MAINTENANT ÊTRE OBSERVÉES, CRITIQUÉES, DISSÉQUÉES...
EN GROS, VOUS ME DEMANDEZ MON AVIS SUR RONSARD ?!
EH BÉ, Z'ALLEZ PAS ÊTRE DÉÇU !!
NTM
VOILÀ QUE VOUS DEVEZ FAIRE APPEL À UN ESPRIT D'ANALYSE ET À UNE AUTO-DISCIPLINE EN TOTALE CONTRADICTION AVEC VOS SOUCIS D'ADO...
T'AS REVU LES NOTES PRISES EN COURS ?
QUELLES NOTES ?!
EN RUPTURE AVEC LA SCOLARITÉ ANTÉRIEURE, LA SECONDE EST UNE CLASSE DONT IL NE FAUDRA PAS RATER LE COCHE...
ÉLÈVE MARTINEAU, PRENEZ LA PORTE !!
MAIS, M'DAME, C'EST BEAUCOUP TROP LOURD !!
HA HA HA !!
LYCÉE PAUL YO

La première

"Et dire que ça aurait pu être moi !"

Marie - José Perec

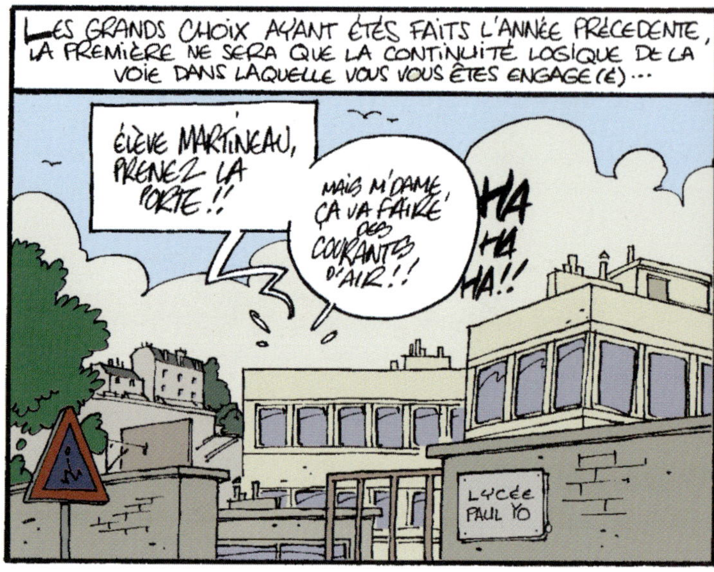
LES GRANDS CHOIX AYANT ÉTÉS FAITS L'ANNÉE PRÉCÉDENTE, LA PREMIÈRE NE SERA QUE LA CONTINUITÉ LOGIQUE DE LA VOIE DANS LAQUELLE VOUS VOUS ÊTES ENGAGÉ(E)...
ÉLÈVE MARTINEAU, PRENEZ LA PORTE !!
MAIS M'DAME, ÇA VA FAIRE DES COURANTS D'AIR !!
HA HA HA !!
LYCÉE PAUL YO

UNE CONTINUITÉ QUI POURRAIT SEMBLER UNE SIMPLE FORMALITÉ SI ELLE N'ÉTAIT PONCTUÉE PAR LE BAC FRANÇAIS...
POUF, POUF !... ÇA SE-RA CE SU-JET QUE JE PREN-DRA !

AU PROGRAMME DE FIN D'ANNÉE : UNE ÉPREUVE ÉCRITE...
ARGH !... ÇA S'ÉCRIT COMMENT DÉJÀ, "PRISE DE TAÎT" ?!
...

...ET UNE ÉPREUVE ORALE !!
3/20 ! ON PEUT POURTANT PAS FAIRE DE FAUTES D'ORTHOGRAPHE QUAND C'EST QU'ON CAUSE !!

L'ENTRÉE VIENT D'ÊTRE SERVIE, VOUS ALLEZ POUVOIR PASSER AU PLAT DE RÉSISTANCE !.. DÈS LA FIN DES VACANCES !
TU TE SENS MÛRE POUR LA TERMINALE ?!
BIEN SÛR ! LES MECS MAJEURS, ÇA M'FAIT PAS PEUR !!
4

A chacun sa série

Les bacs généraux

"C'est du cinq étoiles"

Le général Bigeart

TROIS SÉRIES SONT PROPOSÉES DANS LA VOIE GÉNÉRALE. CET ENSEIGNEMENT RESTE LE PLUS RÉPANDU ET LE PLUS OUVERT...
TU VEUX FAIRE QUOI PLUS TARD ?
UNE FAC !
OUI, D'ACCORD ! MAIS... COMME MÉTIER ?!

LE BAC L (LITTÉRAIRE), POUR TOUS CEUX QUI, AVIDES DE CULTURE, AIMENT LES LIVRES. ANALYSE ET RÉFLEXION SERONT INCONTOURNABLES...
REGARDE CHÉRI, NOTRE POUSSIN DÉVORE DÉJÀ TES BOUQUINS !!
LE BAC ES (ÉCONOMIQUE ET SOCIAL) EST DESTINÉ AUX ÉLÈVES FRIANDS D'ACTUALITÉ. FAIRE PREUVE D'ESPRIT DE SYNTHÈSE ET DE CURIOSITÉ SERONT NÉCESSAIRES...
T'AS VU CHÉRI, NOTRE FILS PASSE AUX INFOS !!
...ON EST TOUJOURS SANS NOUVELLES DU PETIT BENJAMIN DISPARU DANS DES CIRCONSTANCES TOUJOURS INDÉTERMINÉES...
LE BAC S (SCIENTIFIQUE), QUANT À LUI, PASSIONNERA CELUI OU CELLE QUI A LA BOSSE DES MATHS. IL FAUT ÊTRE RIGOUREUX ET MÉTHODIQUE...
TU SAIS CHÉRI, ON DIRAIT QUE LA PETITE A BESOIN DE LUNETTES !!
AH OUAIS ?!... C'EST PLUTÔT BON SIGNE, ÇA !!
CES DIPLÔMES N'AURONT POURTANT QUE PEU DE VALEUR SUR LE MARCHÉ DU TRAVAIL. EN LIGNE DE MIRE : DE LONGUES ÉTUDES SUPÉRIEURES...
ET CE SERAIT VOTRE PREMIER EMPLOI ?!
OUI, JE VIENS DE TERMINER MON DOCTORAT !!

Les bacs technologiques

“De mon temps, on n’appelait pas ça “Techno” !”

Jean -Michel Jarre

SPÉCIALISÉS, LES BACS TECHNOLOGIQUES SONT PLUS AXÉS SUR UN UNIVERS PROFESSIONNEL SPÉCIFIQUE...
MOI, J'SAIS OÙ JE VAIS !!
AH BON ! ... T'ES VOYANT ?!

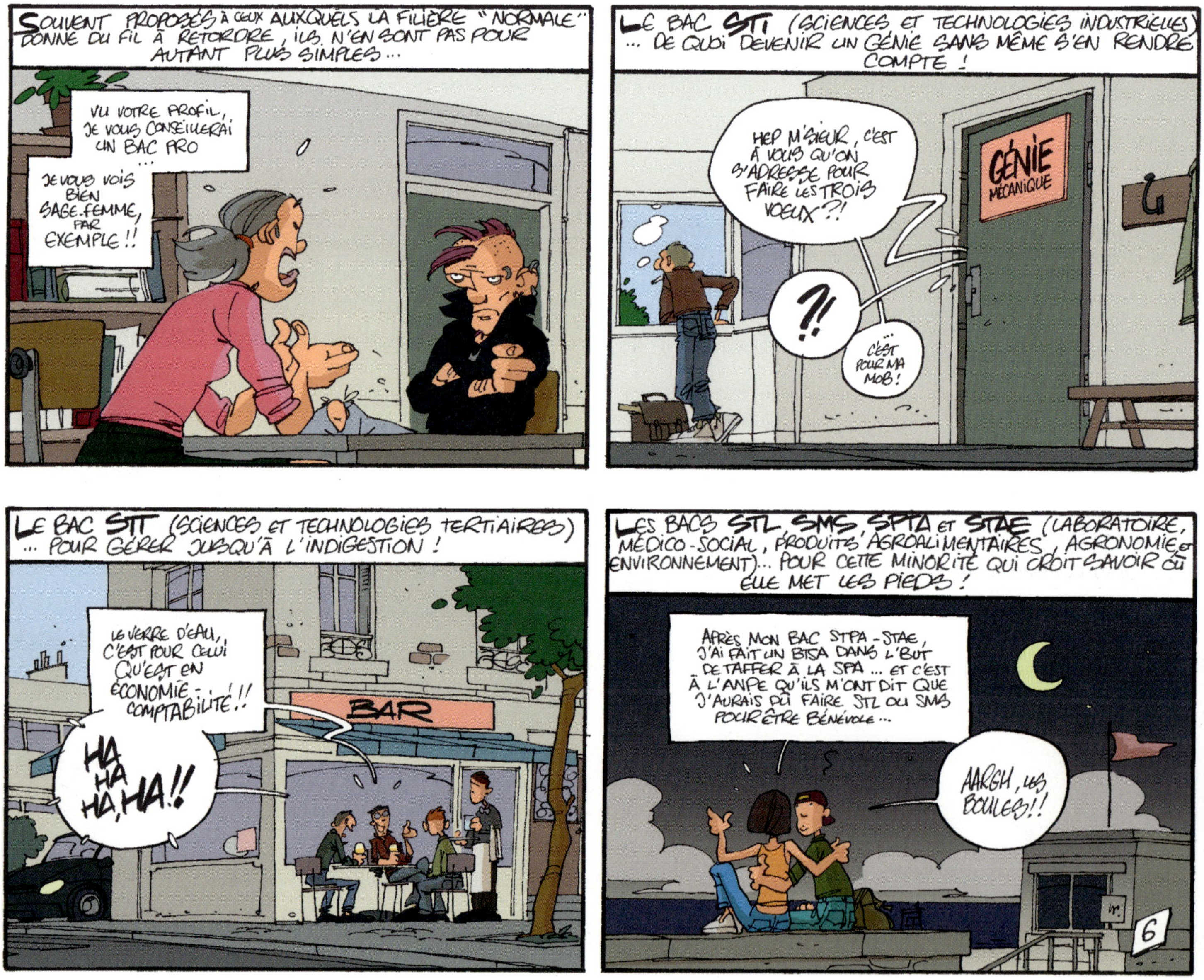
SOUVENT PROPOSÉS À CEUX AUXQUELS LA FILIÈRE "NORMALE" DONNE DU FIL À RETORDRE, ILS N'EN SONT PAS POUR AUTANT PLUS SIMPLES...
VU VOTRE PROFIL, JE VOUS CONSEILLERAI UN BAC PRO ...
JE VOUS VOIS BIEN SAGE-FEMME, PAR EXEMPLE !!
LE BAC STI (SCIENCES ET TECHNOLOGIES INDUSTRIELLES) ... DE QUOI DEVENIR UN GÉNIE SANS MÊME S'EN RENDRE COMPTE !
HEP M'SIEUR, C'EST À VOUS QU'ON S'ADRESSE POUR FAIRE LES TROIS VOEUX ?!
GÉNIE MÉCANIQUE
?!
... C'EST POUR MA MOB !
LE BAC STT (SCIENCES ET TECHNOLOGIES TERTIAIRES) ... POUR GÉRER JUSQU'À L'INDIGESTION !
LE VERRE D'EAU, C'EST POUR CELUI QU'EST EN ÉCONOMIE-COMPTABILITÉ !!
HA HA HA, HA !!
BAR
LES BACS STL, SMS, SPTA ET STAE (LABORATOIRE, MÉDICO-SOCIAL, PRODUITS AGROALIMENTAIRES, AGRONOMIE ET ENVIRONNEMENT)... POUR CETTE MINORITÉ QUI CROIT SAVOIR OÙ ELLE MET LES PIEDS !
APRÈS MON BAC STPA-STAE, J'AI FAIT UN BTSA DANS L'BUT DE TAFFER À LA SPA ... ET C'EST À L'ANPE QU'ILS M'ONT DIT QUE J'AURAIS DÛ FAIRE STL OU SMS POUR ÊTRE BÉNÉVOLE...
AARGH, LES BOULES !!
6

C'est reparti mon kiki

L'ultime rentrée des classes

"Va falloir se tenir à carreau !"

Saint Gobain

L'HEURE DE LA REPRISE A SONNÉE, ET C'EST LA MORT DANS L'ÂME QUE VOUS RANGEZ VOS SOUVENIRS DE VACANCES AU PLACARD...
HOU LÀ !... J'AI DU LOUPER UN TRUC, MOI !!
WHOAH! ... LA TEHON !!

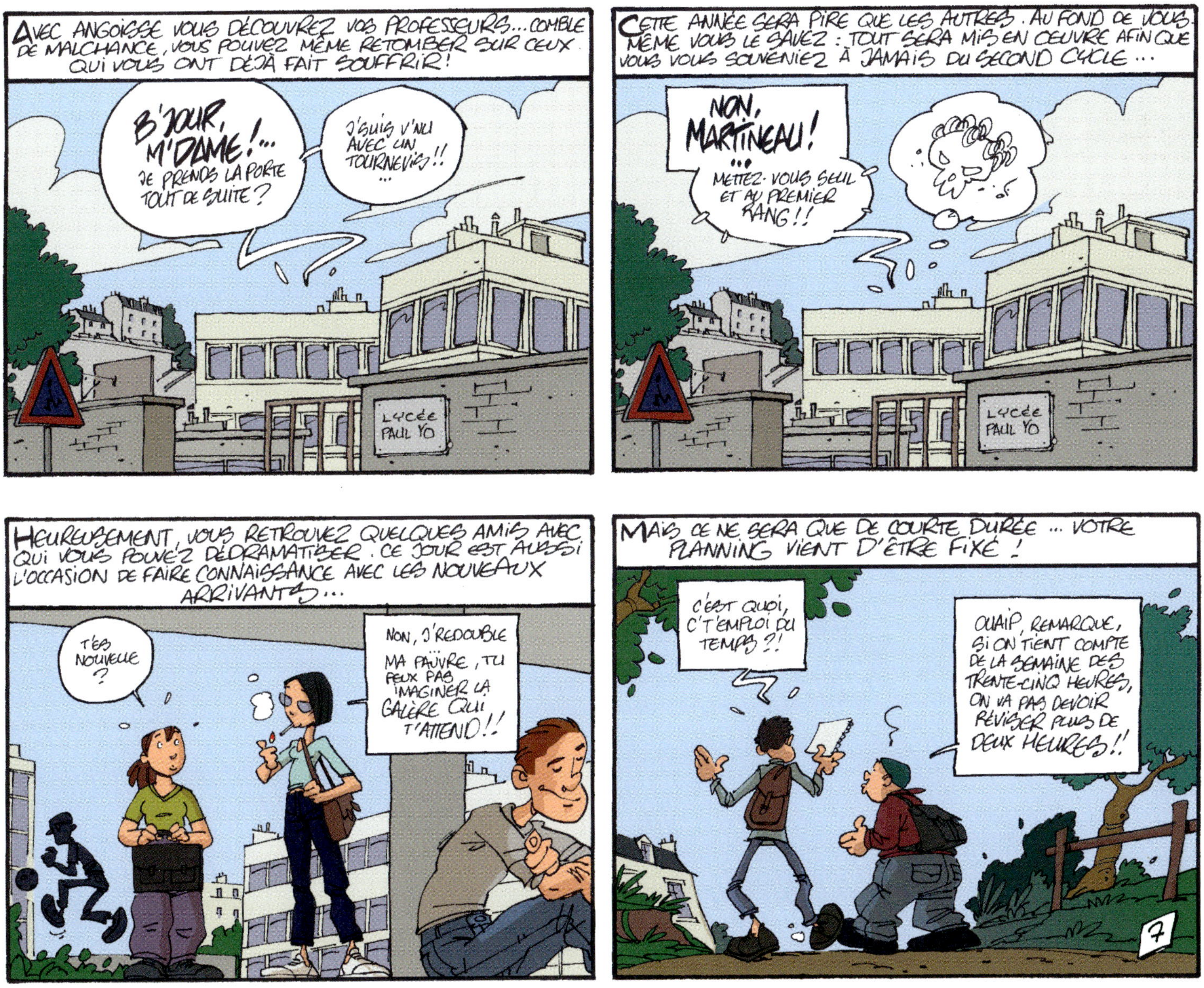
AVEC ANGOISSE VOUS DÉCOUVREZ VOS PROFESSEURS... COMBLE DE MALCHANCE, VOUS POUVEZ MÊME RETOMBER SUR CEUX QUI VOUS ONT DÉJÀ FAIT SOUFFRIR !
B'JOUR, M'DAME !... JE PRENDS LA PORTE TOUT DE SUITE ?
J'SUIS V'NU AVEC UN TOURNEVIS !! ...
LYCÉE PAUL YO
CETTE ANNÉE SERA PIRE QUE LES AUTRES. AU FOND DE VOUS-MÊME VOUS LE SAVEZ : TOUT SERA MIS EN ŒUVRE AFIN QUE VOUS VOUS SOUVENIEZ À JAMAIS DU SECOND CYCLE...
NON, MARTINEAU !
... METTEZ-VOUS SEUL ET AU PREMIER RANG !!
LYCÉE PAUL YO
HEUREUSEMENT, VOUS RETROUVEZ QUELQUES AMIS AVEC QUI VOUS POUVEZ DÉDRAMATISER. CE JOUR EST AUSSI L'OCCASION DE FAIRE CONNAISSANCE AVEC LES NOUVEAUX ARRIVANTS...
T'ES NOUVELLE ?
NON, J'REDOUBLE MA PAUVRE, TU PEUX PAS IMAGINER LA GALÈRE QUI T'ATTEND !!
MAIS CE NE SERA QUE DE COURTE DURÉE ... VOTRE PLANNING VIENT D'ÊTRE FIXÉ !
C'EST QUOI, C'T'EMPLOI DU TEMPS ?!
OUAIP, REMARQUE, SI ON TIENT COMPTE DE LA SEMAINE DES TRENTE-CINQ HEURES, ON VA PAS DEVOIR RÉVISER PLUS DE DEUX HEURES !!
7

Le début de la fin

3... 2... 1... terminale !

"Un jour ou l'autre, il fallait en finir !"

Kurt Cobain

QUELLE HORREUR ! MÊME SI ON VOUS AVAIT PRÉVENU, CELA FAIT TOUJOURS UN CHOC...
DÉGOÛTÉ, J'AI SEPT HEURES DE PHILO !!
C'EST TERRIBLE, TU VAS PASSER PLUS DE TEMPS AVEC NIETZSCHE QU'AVEC MOI !!

LES HORAIRES DE TERMINALE SONT PESANTS. LES MATIÈRES À GROS COEFFICIENT VOIENT LEUR DURÉE MULTIPLIÉE...
BEN MOI, J'DIS QU'C'EST LA JOURNÉE DES TRENTE-CINQ HEURES QU'ON AURAIT DÛ VOTER !!
SÛR !
QUE RESTERA-T-IL UNE FOIS LENTEMENT ÉGRAINÉS LES INSTANTS PASSÉS AU LYCÉE ?
TU VIENS AU CINÉ ?
POURQUOI PAS, C'EST QUOI COMME COURT-MÉTRAGE ?!
IL VA FALLOIR PLANIFIER, SURTOUT SI VOUS AVEZ DES ACTIVITÉS PARALLÈLES...
GYM
DÉSOLÉ POUR LE MARATHON, MAIS JE CROIS QUE POUR CETTE ANNÉE, J'M'INSCRIS PLUTÔT AU CENT MÈTRES !!
ATHLÈTE CLUB
ÉCHAFAUDEZ RAPIDEMENT VOS PLANS, LES COURS COMMENCENT AU TAQUET...
BON, EN PARTANT DU PRINCIPE QUE LE PROGRAMME DE PREMIÈRE EST TOTALEMENT ASSIMILÉ, NOUS ALLONS POUVOIR DIRECTEMENT EMBRAYER SUR...
LYCÉE PAUL YO
8

Démarrer du bon pied

"Il paraît que le gauche porte bonheur !"

François Perrin

BIEN SOUVENT, LES ÉLÈVES CONFONDENT PRÉPARATION ET RÉVISIONS...
À TAAABLE !!...
UNE SECONDE, J'RÉVISE !!
BIP BI-BEP
Annales 2000

...S'EN REMETTANT AU LENDEMAIN, LE MOIS DE JUIN ÉTANT ENCORE LOIN.
ALORS, C'EST COMME ÇA QUE TU FAIS TES DEVOIRS ?!
RELAX !... SI J'M'Y MET TOUT D'SUITE, DANS DEUX MOIS C'EST OUBLIÉ !!
Annales 2000
LE SEUL PROBLÈME EST QUE L'EXAMEN SE PRÉPARE DÈS SEPTEMBRE. C'EST TOUT AU LONG DE L'ANNÉE QUE L'ON BÉTONNE LES BASES DE SA CONNAISSANCE...
MARTINEAU ?
PRÉSENT !!
... J'AI BIEN RÉPONDU HEIN, M'DAME ?! ... J'MÉRITE UNE BONNE NOTE ?!
LYCÉE PAUL YO
LES RÉVISIONS, QUANT À ELLES VIENDRONT PONCTUER CETTE SOMME DE TRAVAIL EMMAGASINÉE ET DIGÉRÉE...
ET MERD... ON AURAIT ÉTUDIÉ TOUT ÇA, CETTE ANNÉE ?!
DEMAIN BAC
MATHS
Anglais
PHILO
HIST-GÉO
CHIMIE
RATER LE DÉPART EST LE PLUS SÛR MOYEN D'AVOIR DES DIFFICULTÉS À REMONTER LA PENTE. VOUS RISQUEZ DE VOUS RETROUVER HORS COURSE !
DÉLIRE !... ON DIRAIT QU'ILS ONT TOUS COMPRIS LES QUESTIONS !!...
GRATT
GRATT GRATT

Du tonus comme bonus

"No problème !"

Monsieur Patate

De l'énergie, il va en falloir. La terminale oblige à puiser dans ses ressources...
GNNNNN !!

Pas de solution miracle : fortifiants, calmants et autre placebo n'auront comme effet que celui que vous êtes prêt à leur accorder...
Un steak haché, deux chipo et... un kilo de cervelle d'éléphant !!
?!...
BOUCHERIE
Chez DéDé

Évitez de multiplier cafés et cigarettes. Ces mauvaises habitudes ne vous aident pas à vous concentrer, elles déplacent seulement le stress à évacuer !
WHAOUH !... Trop délire, le sujet d'philo !! ...

Continuez vos activités, l'année du bac ne nécessite aucun sacrifice particulier...
Sachant que tout corps plongé dans un liquide subit une poussée verticale du bas vers le haut
... je devrais pouvoir éviter la noyade !!

Harmonie et équilibre seront les clés de la réussite...
Ça y est, j'ai tout emmagasiné !!
OOOOHMM !... Et moi j'ai fait le vide !!
BAC
10

Un mental en béton

"Tout est dans la tête !"

Zinedine Zidane

La préparation physique n'est rien sans mise en condition psychologique. Voici quelques conseils pour ne pas sombrer dans les affres de l'angoisse...
Si, si, c'est lui l'premier d'la classe !
Ça va, beau gosse ?!
Whoah !... trop balaise le mec !!

Ne comptez pas sur le hasard. Préparez-vous à tout et sur tout, le baccalauréat n'étant pas une loterie...
Pas besoin d'être devin pour vous sentir plutôt mal barrée !!
Ne partez ni gagnant ni perdant vis-à-vis d'une matière. Dites-vous que tout sujet est captivant cela dépend juste de la manière dont on l'aborde...
Génial, j'ai toujours su que j'étais un sujet intéressant !
La connaissance de soi est-elle possible ?
Ne misez pas que sur les gros coefficients. Cumulées, les autres disciplines représentent la majeur partie des points...
Aïe, aïe, aïe, avec mes trois de moyenne générale, 'faut que j'obtienne un 35/20 en maths !!...
Prendre du plaisir à apprendre sera la plus sûre manière d'apprendre à se faire plaisir, de garder le moral et l'esprit clair en toutes circonstances !
Hep, Jérôme, on s'fait une toile, tu viens ?
T'es ouf malade ?!... j'préfère rentrer me poiler la tronche sur les nouveaux sujets de philo !!

Prendre de bonnes résolutions

"Comme celles des équations du second degré à plusieurs inconnues ?"

Pythagore

RETENIR L'ESSENTIEL D'UNE LEÇON, RESTER ATTENTIF ET CONCENTRÉ SONT DES PRINCIPES FONDAMENTAUX À METTRE EN PRATIQUE...
HEIN ? QUOI ?! VOUS M'AVEZ PARLÉ ?

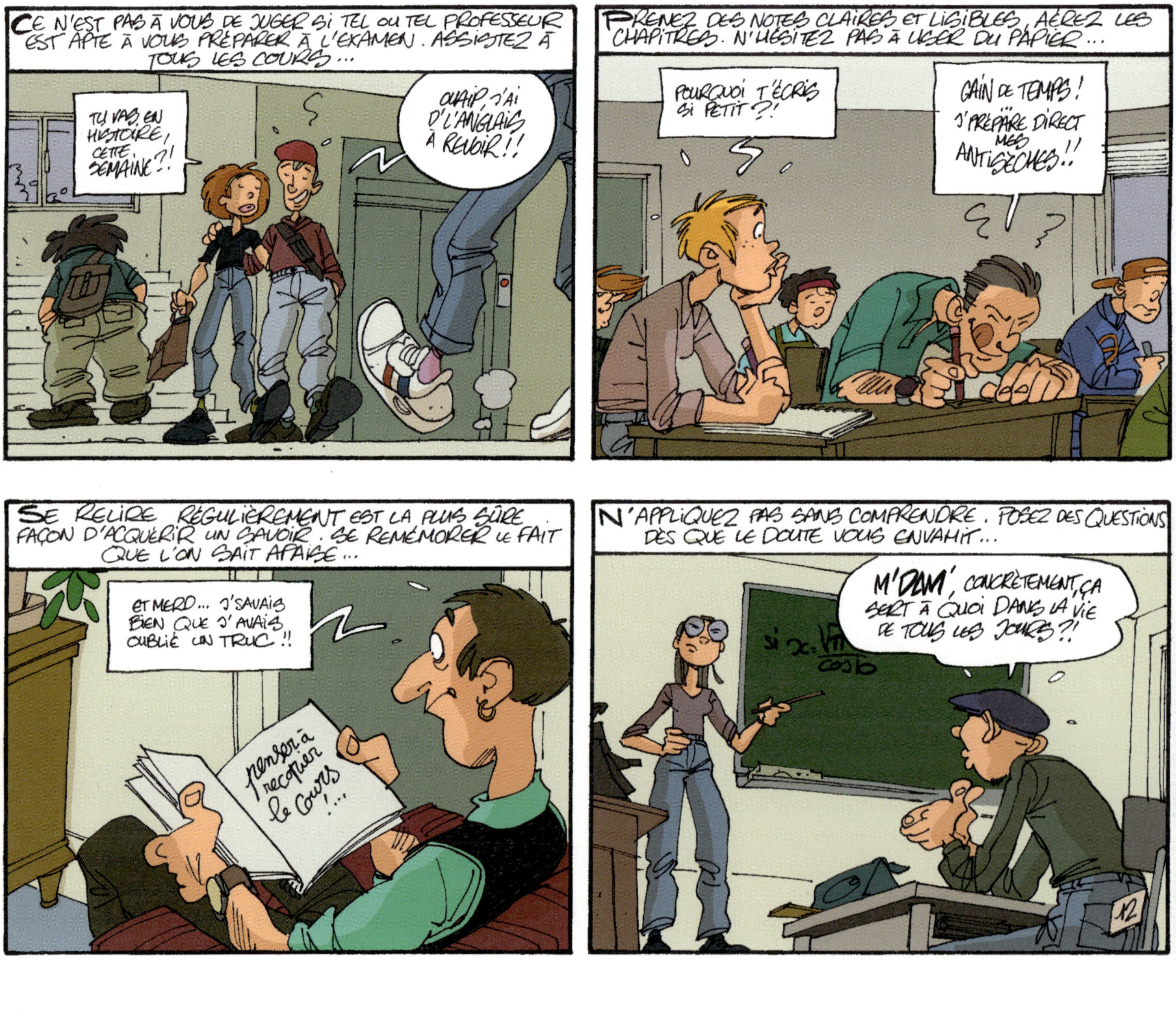
CE N'EST PAS À VOUS DE JUGER SI TEL OU TEL PROFESSEUR EST APTE À VOUS PRÉPARER À L'EXAMEN. ASSISTEZ À TOUS LES COURS...
TU VAS EN HISTOIRE, CETTE SEMAINE ?!
OUAIP, J'AI D'L'ANGLAIS À REVOIR !!
PRENEZ DES NOTES CLAIRES ET LISIBLES, AÉREZ LES CHAPITRES. N'HÉSITEZ PAS À USER DU PAPIER...
POURQUOI T'ÉCRIS SI PETIT ?!
GAIN DE TEMPS ! J'PRÉPARE DIRECT MES ANTISÈCHES !!
SE RELIRE RÉGULIÈREMENT EST LA PLUS SÛRE FAÇON D'ACQUÉRIR UN SAVOIR. SE REMÉMORER LE FAIT QUE L'ON SAIT APAISE...
ET MERD... J'SAVAIS BIEN QUE J'AVAIS OUBLIÉ UN TRUC !!
penser à recopier le cours !...
N'APPLIQUEZ PAS SANS COMPRENDRE. POSEZ DES QUESTIONS DÈS QUE LE DOUTE VOUS ENVAHIT...
M'DAM', CONCRÈTEMENT, ÇA SERT À QUOI DANS LA VIE DE TOUS LES JOURS ?!

Potasser à la maison

"Bosser à domicile, c'est le pied !"
Madame Claude

TRAVAILLER CHEZ SOI DEMANDE UN INVESTISSEMENT PERSONNEL NON NÉGLIGEABLE. N'ATTENDEZ PAS LE DERNIER MOMENT POUR VOUS Y METTRE : CE N'EST JAMAIS DANS L'URGENCE QUE L'ON ATTEINT LA SÉRÉNITÉ...
AARGH, ENFOIRÉS !! ET J'FAIS COMMENT, MOI ?!
BIBLIOTHÈQUE
FERMÉ
HIPS

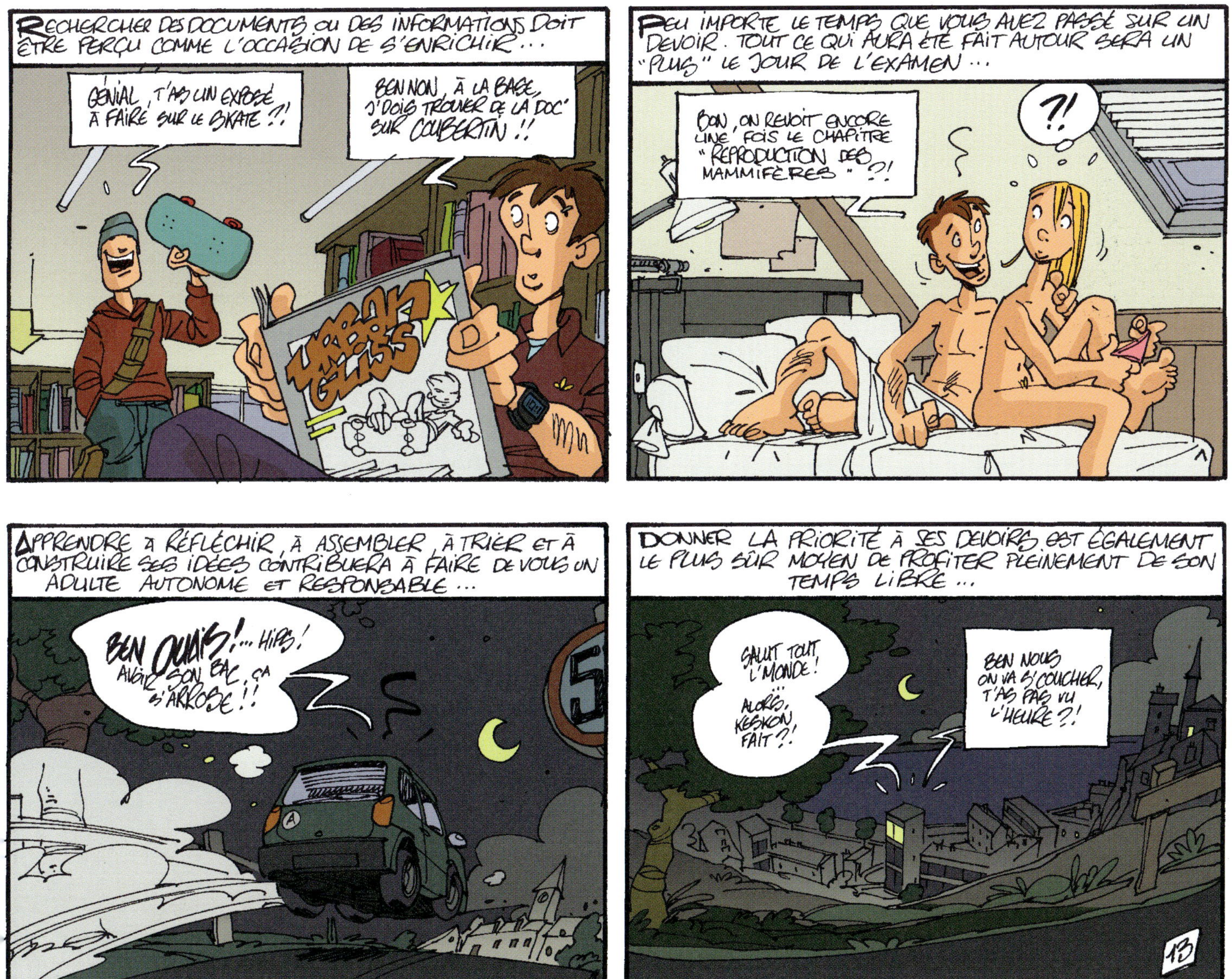
RECHERCHER DES DOCUMENTS OU DES INFORMATIONS DOIT ÊTRE PERÇU COMME L'OCCASION DE S'ENRICHIR...
GÉNIAL, T'AS UN EXPOSÉ À FAIRE SUR LE SKATE ?!
BEN NON, À LA BASE, J'DOIS TROUVER DE LA DOC' SUR COUBERTIN !!
URBAN GLISS
PEU IMPORTE LE TEMPS QUE VOUS AVEZ PASSÉ SUR UN DEVOIR. TOUT CE QUI AURA ÉTÉ FAIT AUTOUR SERA UN "PLUS" LE JOUR DE L'EXAMEN...
BON, ON REVOIT ENCORE UNE FOIS LE CHAPITRE "REPRODUCTION DES MAMMIFÈRES" ?!
?!
APPRENDRE À RÉFLÉCHIR, À ASSEMBLER, À TRIER ET À CONSTRUIRE SES IDÉES CONTRIBUERA À FAIRE DE VOUS UN ADULTE AUTONOME ET RESPONSABLE...
BEN OUAIS !... HIPS ! AVOIR SON BAC, ÇA S'ARROSE !!
DONNER LA PRIORITÉ À SES DEVOIRS EST ÉGALEMENT LE PLUS SÛR MOYEN DE PROFITER PLEINEMENT DE SON TEMPS LIBRE...
SALUT TOUT L'MONDE ! ... ALORS, KESKON FAIT ?!
BEN NOUS ON VA S'COUCHER, T'AS PAS VU L'HEURE ?!

Une mémoire sans faille

"Y a des trucs qu'on ne peut pas oublier !"

Elephant Man

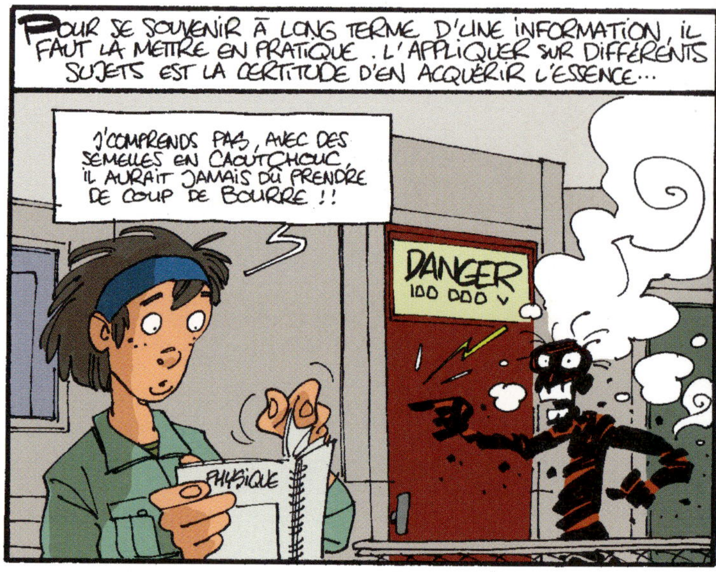
POUR SE SOUVENIR À LONG TERME D'UNE INFORMATION, IL FAUT LA METTRE EN PRATIQUE. L'APPLIQUER SUR DIFFÉRENTS SUJETS EST LA CERTITUDE D'EN ACQUÉRIR L'ESSENCE...
J'COMPRENDS PAS, AVEC DES SEMELLES EN CAOUTCHOUC, IL AURAIT JAMAIS DÛ PRENDRE DE COUP DE BOURRE !!
DANGER
100 000 V
PHYSIQUE

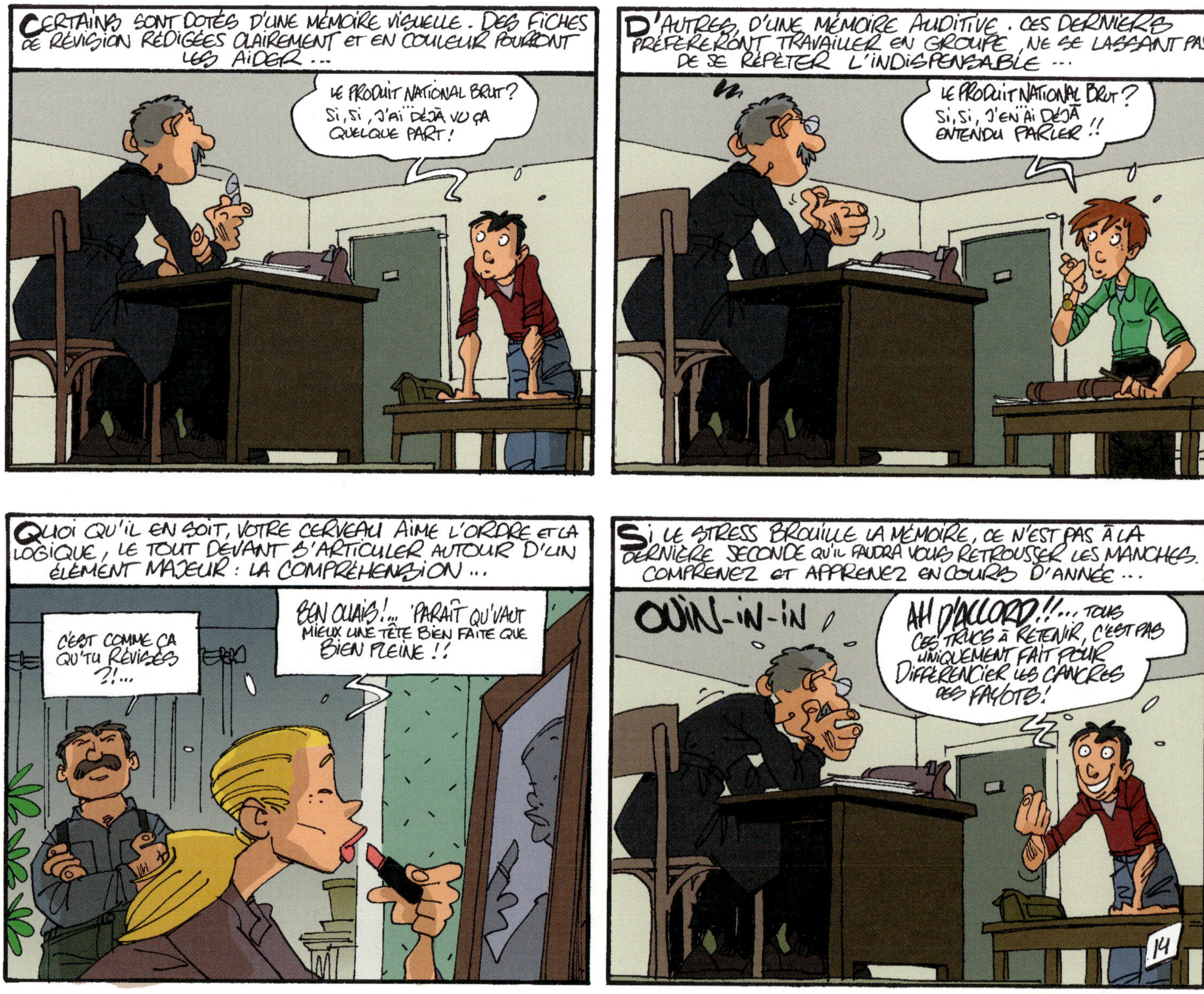
CERTAINS SONT DOTÉS D'UNE MÉMOIRE VISUELLE. DES FICHES DE RÉVISION RÉDIGÉES CLAIREMENT ET EN COULEUR POURRONT LES AIDER...
LE PRODUIT NATIONAL BRUT ? SI, SI, J'AI DÉJÀ VU ÇA QUELQUE PART !
D'AUTRES, D'UNE MÉMOIRE AUDITIVE. CES DERNIERS PRÉFÉRERONT TRAVAILLER EN GROUPE, NE SE LASSANT PAS DE SE RÉPÉTER L'INDISPENSABLE...
LE PRODUIT NATIONAL BRUT ? SI, SI, J'EN AI DÉJÀ ENTENDU PARLER !!
QUOI QU'IL EN SOIT, VOTRE CERVEAU AIME L'ORDRE ET LA LOGIQUE, LE TOUT DEVANT S'ARTICULER AUTOUR D'UN ÉLÉMENT MAJEUR : LA COMPRÉHENSION...
C'EST COMME ÇA QU'TU RÉVISES ?!...
BEN OUAIS !... PARAÎT QU'VAUT MIEUX UNE TÊTE BIEN FAITE QUE BIEN PLEINE !!
SI LE STRESS BROUILLE LA MÉMOIRE, CE N'EST PAS À LA DERNIÈRE SECONDE QU'IL FAUDRA VOUS RETROUSSER LES MANCHES. COMPRENEZ ET APPRENEZ EN COURS D'ANNÉE...
OUIN-IN-IN
AH D'ACCORD !!... TOUS CES TRUCS À RETENIR, C'EST PAS UNIQUEMENT FAIT POUR DIFFÉRENCIER LES CANCRES DES FAYOTS !
14

A chacun son rythme

"...Et tout l'monde à fond !"

Ayrton Senna

VOUS L'AVEZ COMPRIS, L'IMPORTANT EST DE TRAVAILLER DE FAÇON RÉGULIÈRE ET SOUTENUE…
SI L'TRAVAIL C'EST LA SANTÉ, J'DOIS ÊTRE EN PLEINE FORME !!

SOIR OU MATIN, PEU IMPORTE : CHOISISSEZ LES HORAIRES QUI VOUS CONVIENNENT…
M'SIEUR, VU QU'EN C'MOMENT C'EST ROLLAND-GARROS, ON POURRAIT P'T'ET REPORTER L'INTERRO ?!…
?!

NE PAS CONTRECARRER SA NATURE EST LE PLUS SÛR MOYEN DE RESTER OPÉRATIONNEL…
REPEAT AFTER ME : MY TAYLOR IS RICH !
ROON-ON PSHIIIII… RO-O-ONN PSHIIIII !!

SACHEZ FAIRE DES PAUSES. IL FAUT SE RESSOURCER AVANT DE S'ÉCŒURER, PRENDRE L'AIR AU LIEU DE S'ASPHYXIER…
GÉNIAL CE TEMPS, VOILÀ QUI MET EN CONDITION POUR REVOIR SON ANGLAIS !!

ALTERNER À LA PLACE D'INSISTER ASSURERA LE RECUL NÉCESSAIRE POUR AVANCER…
BEN QUOI ?! … J'RÉVISE MES LANGUES ÉTRANGÈRES !!
DA !
PRODIG
15

La philo

"Croyez-moi, il existe pire prise de tête !"
Louis XVI

NOUVELLE VENUE AU PROGRAMME, LA PHILOSOPHIE EST UNE DISCIPLINE DÉROUTANTE ...
... ALORS, EST-CE QUE POUR VOUS MAINTENANT TOUT EST CLAIR ?!...
NON !!

S'INTERROGER SUR SON "PRÊT-À-PENSER" OU CREUSER L'IMPALPABLE S'INSCRIT EN MARGE DU SYSTÈME ÉDUCATIF CLASSIQUE AUQUEL VOUS ÊTES HABITUÉ ...
T'AS RÉPONDU QUOI POUR : "L'IMAGINATION EST LA CONSCIENCE DU PAUVRE" ?
J'AI DIT "OUI" !!
CONFONDANT LE DÉLIRE ET LE FAIT D'APPROFONDIR, L'ÉLÈVE SE PRÉCIPITE SOUVENT VERS UNE MOYENNE PLUS QUE MOYENNE ...
NICKEL, J'COMPRENDS MÊME PAS C'QUE J'AI VOULU DIRE !!
ET C'EST AVEC UN SENTIMENT D'INJUSTICE FLAGRANT QUE LE POTACHE S'EN REMET AU FAIT QU'IL N'Y A RIEN À FAIRE ...
BON, ON VA EN "PHILO" ?!
J'SAIS PAS, J'VAIS Y RÉFLÉCHIR !!
DEMANDANT AUX ÉTUDIANTS UNE MATURITÉ PEU EN RAPPORT AVEC LEUR ÂGE, LA "PHILO" DEVRAIT, SELON CERTAINS, ÊTRE REMPLACÉE PAR LE ROLLER ...
BEN QUOI ?! J'VOIS PAS POURQUOI ON SERAIT LES SEULS À SE REMETTRE EN QUESTION !!
16

Une finalité à finaliser

Apprendre à écrire

“...Et surtout mettez un timbre ! ”

La Poste

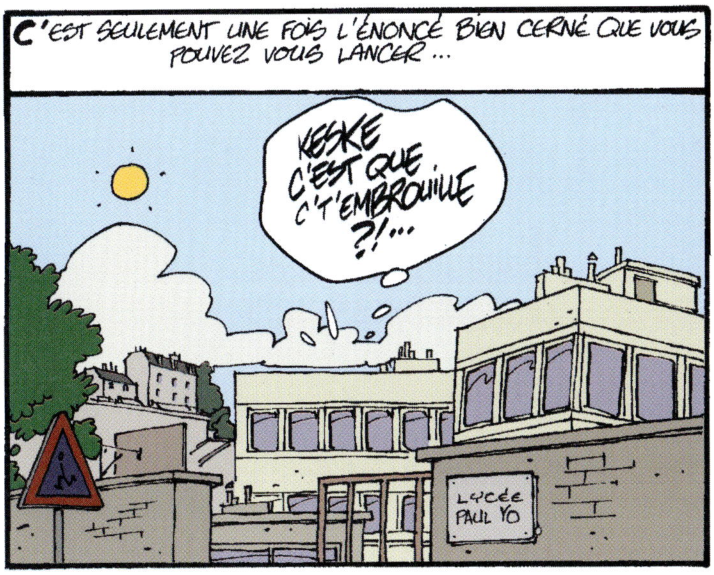

C'EST SEULEMENT UNE FOIS L'ÉNONCÉ BIEN CERNÉ QUE VOUS POUVEZ VOUS LANCER ...
KESKE C'EST QUE C'T'EMBROUILLE ?!...
LYCÉE PAUL YO

RASSEMBLEZ VOS IDÉES, CLARIFIEZ LA THÈSE POUR LAQUELLE VOUS PRENDREZ POSITION, RELISEZ ENCORE UNE FOIS LE SUJET ...
BON, BEN QUAND 'FAUT Y ALLER, 'FAUT Y ALLER !!
LYCÉE PAUL YO
FAITES DES PHRASES SIMPLES. LE CORRECTEUR PRÉFÈRE LA LIMPIDITÉ À TOUTE FORME DE COMPLICATION NON JUSTIFIÉE ...
ALLEZ HOP, APRÈS TOUT, AUTANT DÉSEMBERLIFICATIONNER TOUT ÇA !!
LYCÉE PAUL YO
CHOISIR DES MOTS ISSUS DE SON VOCABULAIRE EST LE PLUS SÛR MOYEN D'ÉVITER LES TERMES MAL APPROPRIÉS. ...
... ET SI Y PLEUT, C'EST TOUJOURS À CAUSE DES GROS CUNNILINGUS ... POINT FINAL !!
ÇA Y EST M'DAM' TERMINÉ !!
LYCÉE PAUL YO
GARDEZ DU TEMPS POUR VOUS RELIRE ET CORRIGER D'ÉVENTUELLES FAUTES D'ORTHOGRAPHE ...
DITES, MARTINEAU, PERSONNE NE VOUS A AUTORISÉ À MODIFIER LE SUJET !!
?!
HA HA HA
LYCÉE PAUL YO
17

Une finalité à finaliser

Les bacs blancs

"Pour s'entraîner avant de conclure !"

Michel Blanc

TOMBANT TOUJOURS QUAND IL NE FAUT PAS, CE SIMULACRE D'EXAMEN N'EST PAS UNIQUEMENT PRÉVU AFIN DE POURRIR VOS VACANCES...
TU PARS AU SKI EN FÉVRIER ?!
OUAIP !... J'VAIS RÉVISER DANS LES ALPES !!

VOICI L'OPPORTUNITÉ DE VOUS RETROUVER DANS LES CONDITIONS DE L'ÉPREUVE QUI VOUS ATTEND...
?!!
NON MERCI, J'ME SENS TOUTE BARBOUILLÉE !!...
LE BAC BLANC EST L'OCCASION DE FAIRE LE POINT, DE VOUS SITUER PAR RAPPORT À L'HYPOTHÉTIQUE DIPLÔME DE FIN D'ANNÉE...
2 DE MOYENNE !! BON, BEN LA STRATÉGIE "TOUT AU FEELING" EST À PROSCRIRE !!...
NE PRENEZ PAS CETTE ÉPREUVE À LA LÉGÈRE, IL S'AGIT LÀ D'UN ENTRAÎNEMENT PRÉPARATOIRE DE PLUS...
TOP CHRONO !! UNE SECONDE CINQ DIXIÈMES POUR DÉPLIER MON ANTISÈCHE, ÇA DEVRAIT PASSER !!
ZOOF
N'OUBLIEZ PAS QUE LES RÉSULTATS QUE VOUS OBTIENDREZ SERONT MENTIONNÉS DANS VOTRE LIVRET SCOLAIRE...
POUVEZ-VOUS M'EXPLIQUER POURQUOI IL EST MENTIONNÉ : "TRICHER N'EST PAS JOUER" ?!
J'SAIS PÔ ! CERTAINEMENT UN SUJET DE PHILO !!
LIVRET SCOLAIRE
18

Une finalité à finaliser

Le livret scolaire

"Comporte encore moins d'intérêts que le livret A !"

La Caisse d'Epargne

IL NE VOUS SUIT PAS, IL VOUS PRÉCÈDE. CE DOSSIER SERA MIS ENTRE LES MAINS DE TOUS CEUX QUI DEVRONT VOUS JUGER...
EH BÉ ! C'EST PAS JOLI-JOLI TOUT ÇA !!
...
LIVRET SCOLAIRE
BODOM
BODOM

REFLET DE CE QUE VOUS AVEZ FAIT PLUTÔT QUE DE CE QUE VOUS ÊTES, IL VAUT MIEUX POUR VOUS QUE VOTRE LIVRET FASSE PENCHER LA BALANCE DU BON CÔTÉ ...
BON !...
Vous avez vu, y a marqué que je n'ai pas mauvais fond ?!
AYANT LA FONCTION DE CORRIGER D'ÉVENTUELLES INJUSTICES DU SORT, CE DOCUMENT NE DOIT PAS EN PRINCIPE VOUS DESSERVIR...
EFFECTIVEMENT !! JUSTE À CÔTÉ DE : "CATASTROPHIQUE POUR UN REDOUBLANT" !
HA HA, HA !
LIVRET SCOLAIRE
MÉFIEZ-VOUS TOUT DE MÊME : IL EST IMPOSSIBLE DE PROUVER QU'UN EXAMINATEUR VOUS A SANCTIONNÉ POUR FUMISTERIE RÉCURRENTE...
ALORS ?!
BEN, J'SAIS PAS ! IL M'A DIT QUE J'AVAIS ÉTÉ ÉGAL À MOI-MÊME !!
LE MIEUX ÉTANT D'AVOIR SON BAC DU PREMIER COUP... VOUS ÉVITEREZ AINSI DE VOUS JUSTIFIER DE VOS FAUTES PASSÉES !
SUIVANT !
ALLEZ, BONNE CHANCE !
BAH, TOUT DÉPEND S'IL A L'IDÉE OU NON DE GRATTER LE TIPP-EX !!..
19

Une finalité à finaliser

Annales, manuels et Cie

"Soyez gonflé, suivez l'guide"

Bibendum Michelin

RECOMMANDÉS PAR VOS PROFESSEURS, LES MANUELS SE RÉVÈLENT ÊTRE D'UNE GRANDE UTILITÉ...
SALUT LES FILLES ! J'VOUS PRÉSENTE "MANUEL", MON PROF PARTICULIER !!

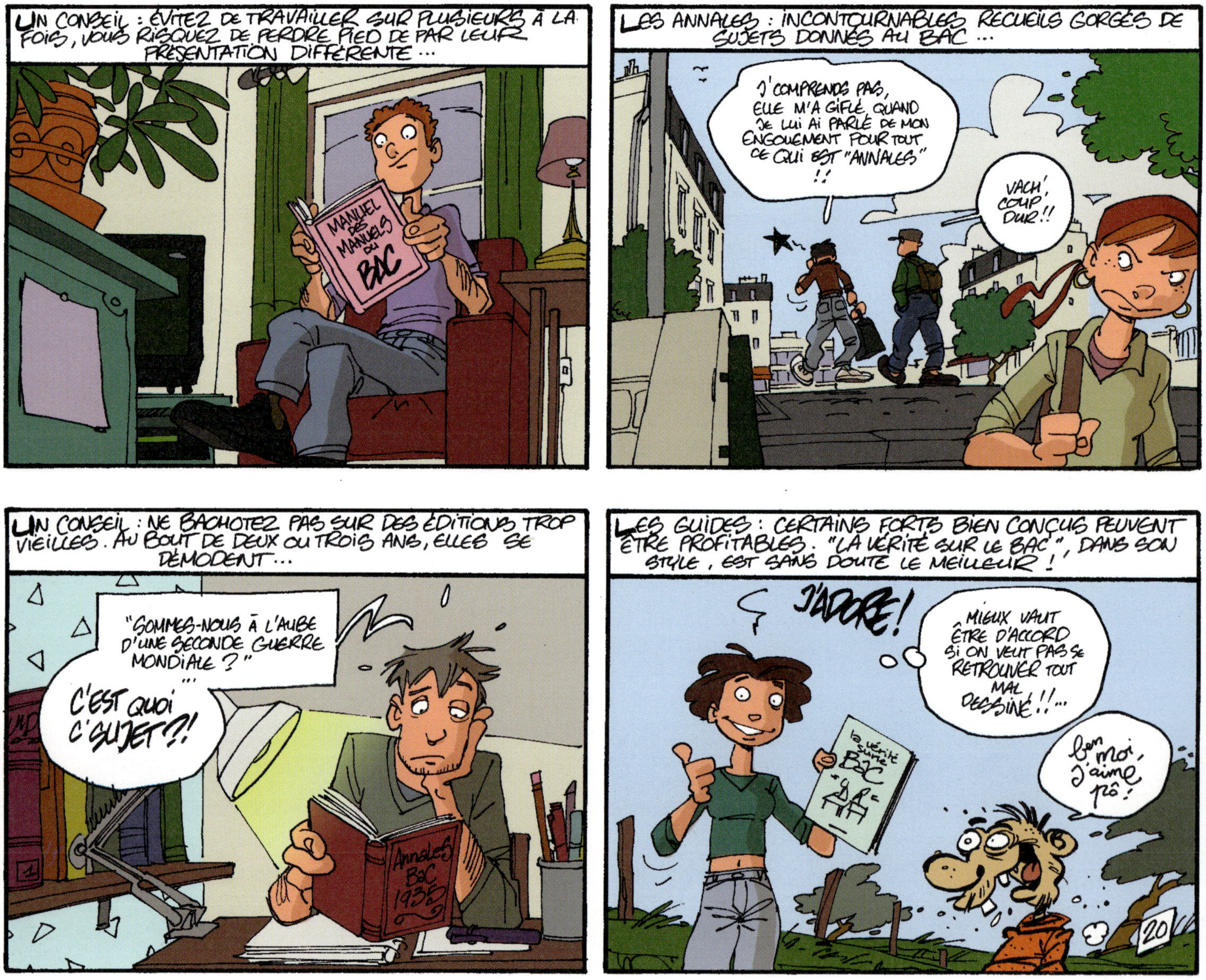
UN CONSEIL : ÉVITEZ DE TRAVAILLER SUR PLUSIEURS À LA FOIS, VOUS RISQUEZ DE PERDRE PIED DE PAR LEUR PRÉSENTATION DIFFÉRENTE...
MANUEL DES MANUELS DU BAC
LES ANNALES : INCONTOURNABLES RECUEILS GORGÉS DE SUJETS DONNÉS AU BAC...
J'COMPRENDS PAS, ELLE M'A GIFLÉ QUAND JE LUI AI PARLÉ DE MON ENGOUEMENT POUR TOUT CE QUI EST "ANNALES" !!
VACH' COUP DUR !!
UN CONSEIL : NE BACHOTEZ PAS SUR DES ÉDITIONS TROP VIEILLES. AU BOUT DE DEUX OU TROIS ANS, ELLES SE DÉMODENT...
"SOMMES-NOUS À L'AUBE D'UNE SECONDE GUERRE MONDIALE ?" ...
C'EST QUOI C'SUJET ?!
Annales BAC 1935
LES GUIDES : CERTAINS FORTS BIEN CONÇUS PEUVENT ÊTRE PROFITABLES. "LA VÉRITÉ SUR LE BAC", DANS SON STYLE, EST SANS DOUTE LE MEILLEUR !
J'ADORE !
la vérité sur le BAC
MIEUX VAUT ÊTRE D'ACCORD SI ON VEUT PAS SE RETROUVER TOUT MAL DESSINÉ !!...
Ben moi, j'aime pô !
20

Les matières facultatives

"Choisir une option,
ça ne peut qu'être payant !"

Rolls Royce

SUSCEPTIBLES DE VOUS RAPPORTER LE PEU DE POINTS QU'IL POURRAIT VOUS MANQUER POUR OBTENIR VOTRE DIPLÔME ...
!
GREC OU LATIN ?! Z'AVEZ RIEN DE PLUS "VIVANT" À PROPOSER ?

... LES MATIÈRES FACULTATIVES RAJOUTERONT IMMANQUABLEMENT QUELQUES HEURES À VOTRE EMPLOI DU TEMPS DÉJÀ SURCHARGÉ.
AH, UNE TROISIÈME LANGUE VIVANTE ?! EUH, ON PEUT PAS PRENDRE TROIS FOIS LA MÊME ?
CHOISISSEZ DE PRÉFÉRENCE UNE DISCIPLINE QUI VOUS PLAÎT. SI POSSIBLE EN RUPTURE AVEC LE CRÉNEAU DANS LEQUEL VOUS BAIGNEZ ...
TRÈS INTÉRESSANT !! ... MAIS VOUS SAVEZ, ICI, ON PEUT DESSINER AUTRE CHOSE QUE DES SINUSOÏDALES !
INSTANT DE DÉTENTE, ET NON DÉFOULOIR, CES OPTIONS DOIVENT ÊTRE ABORDÉES COMME UNE ACTIVITÉ PARALLÈLE.
TU VIENS AVEC NOUS RÉVISER À LA BIBLI ?!
T'ES OUF ?!! ... J'VEUX PAS RATER MES ARTS-PLASTIQUES !!
ET SI C'EST DANS CE QUI EST ANNEXE QUE VOUS VOUS ÉPANOUISSEZ, VOUS AUREZ ENFIN LA CERTITUDE D'AVOIR ÉTÉ MAL ORIENTÉ ...
DRAiiiiNNNNGG !!...
OH NOON !... DÉJÀ ?!

Dans les starting-blocks

Du recul avant de s'élancer

"J'aurais dû en prendre pour mieux sauter !"
Jean Galfione

L'ÉCHÉANCE SE PROFILE À L'HORIZON, C'EST LE MOMENT DE FAIRE LE POINT...
HOULÀ, VACH', HEUREUSEMENT QU'ON NE REDOUBLE PAS EN MILIEU D'ANNÉE !!
BULLETIN TRIMESTRIEL

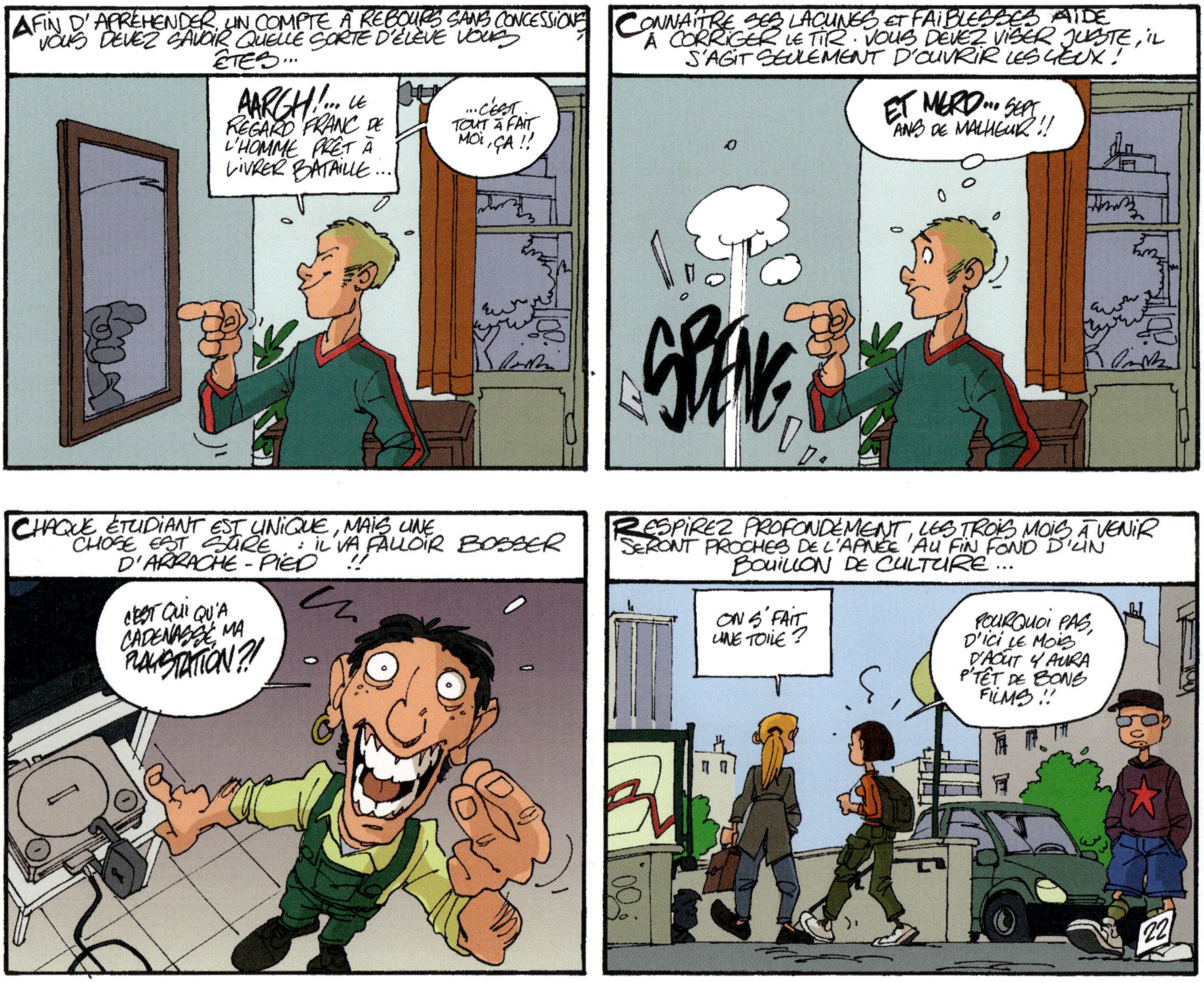
AFIN D'APPRÉHENDER UN COMPTE À REBOURS SANS CONCESSION, VOUS DEVEZ SAVOIR QUELLE SORTE D'ÉLÈVE VOUS ÊTES...
AARGH!... LE REGARD FRANC DE L'HOMME PRÊT À LIVRER BATAILLE...
...C'EST TOUT À FAIT MOI, ÇA !!
CONNAÎTRE SES LACUNES ET FAIBLESSES AIDE À CORRIGER LE TIR. VOUS DEVEZ VISER JUSTE, IL S'AGIT SEULEMENT D'OUVRIR LES YEUX !
ET MERD... SEPT ANS DE MALHEUR !!
SPENG
CHAQUE ÉTUDIANT EST UNIQUE, MAIS UNE CHOSE EST SÛRE : IL VA FALLOIR BOSSER D'ARRACHE-PIED !!
C'EST QUI QU'A CADENASSÉ MA PLAYSTATION ?!
RESPIREZ PROFONDÉMENT, LES TROIS MOIS À VENIR SERONT PROCHES DE L'APNÉE AU FIN FOND D'UN BOUILLON DE CULTURE...
ON S'FAIT UNE TOILE ?
POURQUOI PAS, D'ICI LE MOIS D'AOÛT Y'AURA P'TÊT DE BONS FILMS !!
22

L'heure des révisions

Savoir s'organiser

"Pas d'problème, on s'occupe de tout !"

Le Club Med

NOUS SOMMES DÉBUT MARS ET VOUS DEVEZ SÉRIEUSEMENT SONGER À PASSER EN REVUE VOTRE PROGRAMME DE TERMINALE...
ALLO, SYLVIE ?! TU POURRAIS ME PHOTOCOPIER LES COURS DE SEPTEMBRE À FIN FÉVRIER ?!...

SOYEZ MÉTHODIQUE ET POSÉ. TROP EN FAIRE POUVANT CONDUIRE À DES ABBÉRATIONS...
T'AS COMPRIS, QUOI AU THÉORÈME D'ARISTOTE ?
J'SAIS PAS, J'AI PAS ENCORE REVU LES SCIENCES-NAT' !!
SACHEZ OCTROYER DU TEMPS POUR TOUT. NE PRIVILÉGIEZ PAS UNE MATIÈRE SI C'EST AU DÉTRIMENT D'UNE AUTRE...
ALLEZ, SANS DEC', ON S'REFAIT UNE DERNIÈRE FOIS LE CHAPITRE SUR LA REPRODUCTION ?
MATHS
POUR CELA IL VA VOUS FALLOIR DÉFINIR UN PLANNING ET VOUS Y TENIR. N'OMETTEZ PAS DE PRÉVOIR UNE SOUPAPE DE SÉCURITÉ...
BÔM BÔM BÔM TUMF
JE DIS : ÇA FAIT DU BIEN UN PEU DE TRAN-QUIL-LI-TÉ !! ...
COMMENT ?!
IL N'EXISTE HÉLAS AUCUNE SOLUTION MIRACLE, LA MEILLEURE FAÇON DE MARCHER ÉTANT ENCORE LA VÔTRE !
C'EST COMME ÇA QU'TU TRAVAILLES ?!
ZZZ... HEIN, QUOI ?!
... BEN OUAIS, J'ME CONCENTRE !!

Savoir réviser

JUSQU'À PRÉSENT VOUS AVEZ SU ÊTRE CONSCIENCIEUX, CELA NE DEVRAIT DONC PAS POSER DE PROBLÈMES...
OUAIP!... CETTE ANNÉE, J'SUIS MOTIVÉ!!

"Tous les quinze mille, ça s'impose !"

René (garagiste)

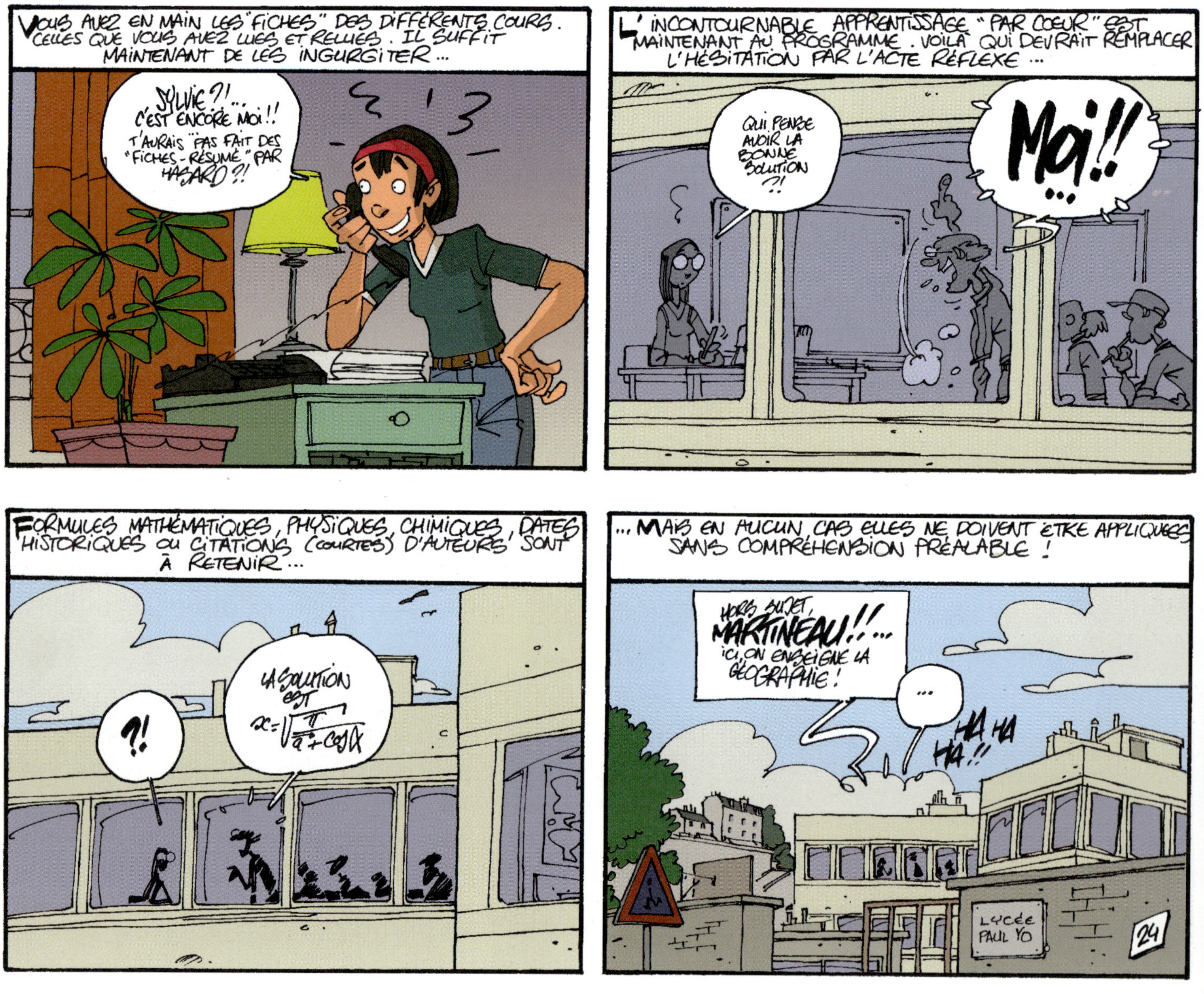
VOUS AVEZ EN MAIN LES "FICHES" DES DIFFÉRENTS COURS. CELLES QUE VOUS AVEZ LUES ET RELUES. IL SUFFIT MAINTENANT DE LES INGURGITER...
SYLVIE?!... C'EST ENCORE MOI!! T'AURAIS PAS FAIT DES "FICHES-RÉSUMÉ" PAR HASARD?!
L'INCONTOURNABLE APPRENTISSAGE "PAR COEUR" EST MAINTENANT AU PROGRAMME. VOILÀ QUI DEVRAIT REMPLACER L'HÉSITATION PAR L'ACTE RÉFLEXE...
QUI PENSE AVOIR LA BONNE SOLUTION ?!
MOI!! ...
FORMULES MATHÉMATIQUES, PHYSIQUES, CHIMIQUES, DATES HISTORIQUES OU CITATIONS (COURTES) D'AUTEURS SONT À RETENIR...
?!
LA SOLUTION EST $x=\sqrt{\frac{\pi}{a^2+\cos\alpha}}$
...MAIS EN AUCUN CAS ELLES NE DOIVENT ÊTRE APPLIQUÉES SANS COMPRÉHENSION PRÉALABLE !
HORS SUJET, MARTINEAU!!... ICI, ON ENSEIGNE LA GÉOGRAPHIE!
...
HA HA HA!!
LYCÉE PAUL YO
24

Chacun son style

"Le mien, j'le cherche encore !"

Elton John

Si préparer son bac est une lourde tâche, il est important de tout mettre en œuvre pour se la rendre plus digeste...
Quand on a son diplôme, il paraît que les parents offrent le permis de conduire !!..., c'est vrai, ça ?!
?!

Où travailler ? Devez-vous choisir un lieu public ? une salle de classe mise à votre disposition ? vous enfermer dans votre chambre ?
Au moins, ici, j'serai tranquille !!
Devez-vous réviser de façon isolée ? en groupe ? À toutes ces questions, vous seul pouvez répondre.
Ça te dirait de venir potasser à la maison ?...
Mais, je n'suis qu'en seconde !!
Pas grave !!
Raison d'plus !
L'important étant de savoir se protéger contre soi-même, contre les tentations extérieures et autres interférences inopinées...
Et merd...
Trouver de l'intérêt dans ce que l'on fait sera encore le plus sûr moyen de rester concentré.
J'aime étudier, je vais m'y mettre sans plus tarder ! J'aime étudier, je vais m'y mettre sans plus tarder ! J'aime étudier, je vais m'y mettre sans plus tarder ! ...
25

L'heure des révisons

Vous avez dit mnémo-technique ?

"Ah que ça m'étonnerait, je suis bien élevé !"

Johnny Halliday

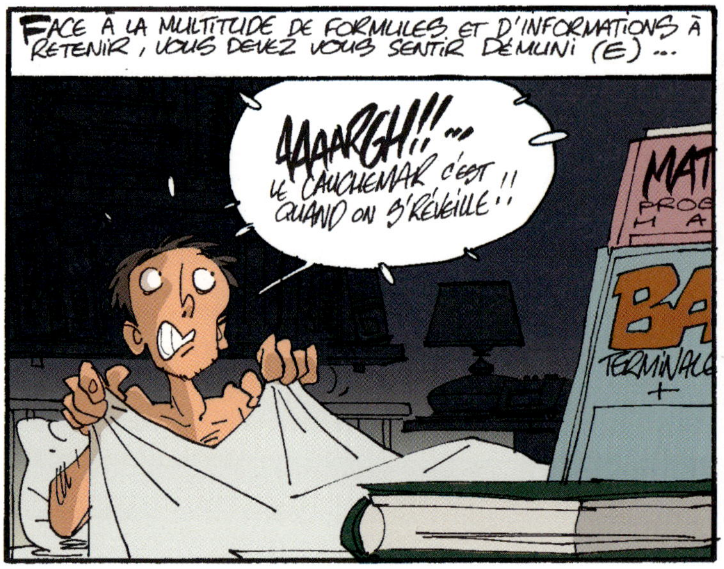
FACE À LA MULTITUDE DE FORMULES ET D'INFORMATIONS À RETENIR, VOUS DEVEZ VOUS SENTIR DÉMUNI (E)...
AAAARGH!!... LE CAUCHEMAR C'EST QUAND ON S'RÉVEILLE !!

UNE PETITE GYMNASTIQUE MNÉMOTECHNIQUE PEUT VOUS SOULAGER... PERSONNE NE REMETTRA EN CAUSE L'EFFICACITÉ DU CÉLÈBRE "MAIS OÙ EST DONC ORNICAR ?" POUR SE RAPPELER LA LISTE DES CONJONCTIONS DE COORDINATION !
KESTU FAIS ?
BÔM BÔM
J'M'ENTRAÎNE LA CERVELLE !!
L'IMPORTANT ÉTANT DE SE SOUVENIR, IL COULE DE SOURCE QU'IL VAUT MIEUX EMPLOYER DES MOTS QUI VOUS SONT PROPRES, D'UTILISER DES TOURNURES QUI VOUS AMUSENT.
NAPOLÉON EST MORT À Ste HÉLÈNE, SON COUSIN LÉON LUI A CREVÉ L'BIDON !!
PARÉ DE CES "DRÔLES DE RÈGLES", D'ÉVENTUELS "TROUS DE MÉMOIRE" POURRONT ÊTRE COMBLÉS...
AH OUI... ZOBI ! : LA ZAMBIE, L'AUSTRALIE, LA BELGIQUE ET L'ITALIE !!
LE PLUS DIFFICILE AYANT ÉTÉ D'ASSOCIER DES MOTS SANS RAPPORT POUR FORMER UNE PHRASE SENSÉE...
ALORS : "Molière fait la corneille par les racines..."
NÂN, C'EST PÔ ÇA !!
26

Le compte à rebours

J - 100

"Rien ne sert de courir..."

Christopher Reeve

VOTRE EMPLOI DU TEMPS EST MAINTENANT ULTRA-BOOKÉ. HORMIS DEVOIRS, LEÇONS ET AUTRES INTERROS, VOUS DEVEZ ENCORE TROUVER UNE DOUZAINE D'HEURES VACANTES PAR SEMAINE POUR RÉVISER...
RIZ OU ÉPINARDS ?!
ÉPINARDS !... J'AI PAS DE TEMPS À PERDRE AUX CHIOTTES !!

C'EST DANS CES EAUX (TROUBLES) QUE TOMBENT LES VACANCES DE PÂQUES. UN CRUEL DILEMME SE POSE ALORS : DEVEZ-VOUS PARTIR ?
MON GRAND, J'AI TROUVÉ UN COMPROMIS : QUINZE JOURS EN ANGLETERRE CHEZ UN PROF DE MATHS !
Je m'éclate DANS LES ALPES

LA RÉPONSE EST NON ! MÊME SI VOUS REVENEZ "REPOSÉ" D'UNE SESSION DE QUINZE JOURS DE "SNOW", VOUS AUREZ PERDU TOUTE NOTION DU RYTHME DE TRAVAIL À TENIR...
HOU LÀ ! C'EST AU SKI QUE T'AS CHOPÉ TES COUPS DE SOLEIL ?
NON, J'AI JUSTE MIS PAR ERREUR UNE AMPOULE U.V. SUR MA LAMPE DE BUREAU !

NE PLANCHEZ PAS MOINS D'UNE HEURE SUR UNE DISCIPLINE. TENEZ COMPTE QU'AU-DELÀ DE DEUX ET DEMIE, L'ATTENTION SE RELÂCHE...
À TAAABLE !!
ZZZ...!! HEIN QUOI ? BAH, TANT MIEUX, ÇA VA FAIRE UN BREAK !!

EN RÉSUMÉ : POUR UNE RENTABILITÉ AU TOP, IL FAUDRA ALTERNER DES ESPACES HORAIRES DE RÉVISION RESPECTABLES ENTRECOUPÉS D'INSTANTS RÉPARATEURS...
EUH !... ON PEUT COMMENCER PAR LE CÔTÉ RÉPARATEUR ?!
ENAO
27

Le compte à rebours

J - 15

"... Il faut partir à point, sinon c'est cuit !"

Nikki Lauda

LES COURS SE TERMINENT, L'ENFER VA COMMENCER...
HI, HI, HI! L'ÉCOLE EST FINIE!!
ZÉRO RESPECT! ÇA C'EST LES JEUNES D'AUJOURD'HUI!

PROFITEZ DES LONGUES JOURNÉES DE MAI POUR VOUS LEVER TÔT. N'OUBLIEZ PAS QUE LES CONVOCATIONS DES ÉPREUVES DU BAC SONT À 7H45 TAPANTES... MIEUX VAUT DÈS À PRÉSENT PRENDRE LE BON PLI !
RIEN D'TEL QU'UN P'TIT KAWA !!
MOI

8H - 10H, 10H30 - 12H30, 15H - 17H ET 20H - 22H SONT LES CRÉNEAUX IDÉAUX POUR PRÉPARER AU MIEUX ET SEREINEMENT QUATRE MATIÈRES PAR JOUR...
AAAARGH, ZUT! J'AURAIS DÛ ALLER PISSER AVANT DE M'Y REMETTRE!!
2001
15:05

PASSER UNE BONNE NUIT EST PRIMORDIAL. NE JAMAIS FAIRE D'IMPASSE SUR LE SOMMEIL...
Hic!
Salut tout l'monde, j'rentre me lever!!
Hoc!
Hips!
MACUMBA

NE VOUS PLAIGNEZ PAS, DITES-VOUS QUE HUIT HEURES PAR JOUR SERA LE MINIMUM QUE LE MONDE DU TRAVAIL VOUS DEMANDERA...
OUAIP!... ET C'EST SANS COMPTER LES TRANSPORTS!!
1 h 30

Le compte à rebours

J - 1

"3... 2... 1... Zut, encore raté !"

Ariane

VIVEMENT PLUS TARD, L'EXAMEN N'A JAMAIS ÉTÉ AUSSI PROCHE, RIEN NE VA PLUS...
Y AURAIT PAS MOYEN DE METTRE UN PEU DE CHAUFFAGE ?!...

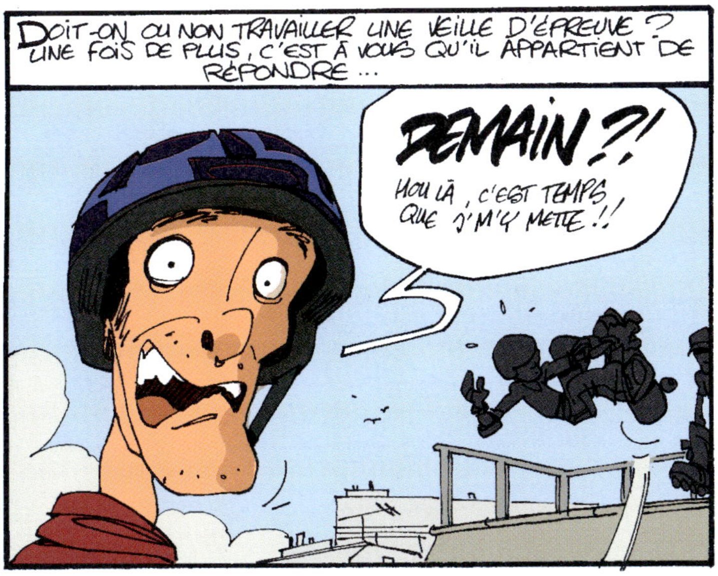

DOIT-ON OU NON TRAVAILLER UNE VEILLE D'ÉPREUVE ? UNE FOIS DE PLUS, C'EST À VOUS QU'IL APPARTIENT DE RÉPONDRE...
DEMAIN ?! HOU LÀ, C'EST TEMPS QUE J'M'Y METTE !!

BESOIN DE DÉTENTE ? PAS DE PROBLÈME, CE N'EST PAS UNE PROMENADE, UN CINÉ OU UN PEU DE SPORT QUI VONT EFFACER VOTRE MÉMOIRE...
BONJOUR MADAME !
DÉSOLÉ, J'AI DÛ SMATCHER UN PEU FORT !

ANXIEUX, VOUS AVEZ DES INTUITIONS DE DERNIÈRE MINUTE. RASSUREZ-VOUS EN REVOYANT ENCORE UNE FOIS VOS NOTES...
AÏE, AÏE, AÏE !... ET SI LES SUJETS ÉTAIENT CHOISIS PARMI LE PROGRAMME DE TERMINALE !!

NE FAITES EN AUCUN CAS LA SIESTE ... CE SOIR, VOUS DEVREZ TROUVER LE SOMMEIL !

Pour passer une bonne nuit

"Les insomnies, je sais ce que c'est !"

Nosferatu

CELA VA SANS DIRE, SORTIR EST HORS DE QUESTION !!
AU FEU AU FEU !! ...
SILENCE !
Y EN A QUI DORMENT !!
NON MAIS, J'AI PAS ENVIE D'ME FAIRE GRILLER MOI !!

TOMBER DANS LES BRAS DE MORPHÉE ASSOUPIRA VOS ANGOISSES. VOUS DEVEZ FAIRE LE VIDE ...
ET UNE FOIS QU'ON A VIDÉ LE FRIGO, ON FAIT QUOI ?!
USÉE JUSQU'À LA TRAME, LA RECETTE DE COMPTER LES MOUTONS PEUT S'AVÉRER EFFICACE ...
BAC
PENSEZ À RÉGLER VOTRE RÉVEIL. EXCEPTIONNELLEMENT UN PETIT ANXIOLYTIQUE PEUT VOUS CALMER ...
TEMESTA, C'EST QUOI ÇA ? J'ESPÈRE QUE ÇA NE CONTIENT PAS DE VITAMINE C !!
N'ABUSEZ PAS TOUT DE MÊME ... DEMAIN, IL VA FALLOIR SE LEVER AUX AURORES !
ALLÔ, SANDRINE ?! BEN KESTA FOUTU ?
30

Avant le départ

"En général, ça s'passe pas trop mal !"

Le Concorde

C'EST AVEC UN TRAC SANS NOM QUE VOUS OUVREZ L'ŒIL. SI CELA PEUT VOUS CONSOLER, DITES-VOUS QUE POUR VOS AMI(E)S, IL EN EST DE MÊME...
BONJOUR !!... ENFIN, FAÇON D'PARLER !

PENSEZ À VOUS MUNIR DE VOTRE CARTE D'IDENTITÉ, D'UNE MONTRE ET N'OUBLIEZ PAS VOTRE CONVOCATION OFFICIELLE...
M'MAN, TU L'AS MISE OÙ MA CONVOC' ?!...

VÉRIFIEZ LES PILES DE VOTRE CALCULATRICE. PRENEZ EN DOUBLE QUELQUES STYLOS... MIEUX VAUT ÉVITER LES PANNES !
C'EST BON, J'AI RIEN OUBLIÉ !!

UNE DOUCHE, UN PETIT DEJ', ET DANS SA MUSETTE UN COUPE-FAIM, VOUS VOILÀ PARÉ. ADOPTEZ UNE ATTITUDE OPTIMISTE, CROYEZ EN VOUS ET VOTRE BONNE ÉTOILE...
Notre père qui êtes aux cieux ...

PARTEZ EN AVANCE. L'ÉTABLISSEMENT OÙ VOUS PASSEREZ VOS ÉPREUVES N'ÉTANT PAS OBLIGATOIREMENT LE VÔTRE, UNE RECONNAISSANCE DE PARCOURS EUT ÉTÉ CONSEILLÉE...
COMMENT ÇA, Y A PAS DE LYCÉE 'JULES-FERRY' À PANTIN ?!
P'TÊT QUE SI, MAIS VOUS ÊTES PAS À PANTIN !!

En cas de pépin

"Si par malheur vous coincez la bulle !"

Pépin la Bulle

PERSONNE N'EST À L'ABRI D'UNE CATASTROPHE . VOTRE ÉTAT DE STRESS POUVANT FAVORISER QUELQUES FAUX PAS...
ÉTANT DONNÉ QUE ... , L'IMPACT SERA ÉGAL À...
FOOMP !!

PAR MÉGARDE, VOUS AVEZ OUBLIÉ UN DOCUMENT OFFICIEL. NE FAITES PAS DEMI-TOUR, PRÉVENEZ LE SURVEILLANT DE VOTRE SALLE...
C'EST BIZARRE J'ÉTAIS SÛR D'AVOIR PRIS MES PAPIERS, C'EST IMPORTANT ?...
...QUI EN AVISERA LE CHEF DU CENTRE D'EXAMEN. VOTRE SITUATION DEVRA SE RÉGLER DANS LES HEURES QUI SUIVENT LA FIN DE L'ÉPREUVE.
YO, HIP-HOP !!
SI SI, J'VOUS ASSURE, J'M'APPELLE KÉVIN ET J'AI DIX-SEPT ANS !!
POUR LES RETARDS N'EXCÉDANT PAS TRENTE MINUTES, TENTEZ VOTRE CHANCE. NE REPARTEZ PAS CHEZ VOUS TÊTE BASSE. EXPLIQUEZ VOS MALHEURS, ON NE SAIT JAMAIS...
C'EST À CAUSE QUE J'AI ÉTÉ ENLEVÉ PAR DES EXTRA-TERRESTRES... MAIS BON, HEUREUSEMENT QUE J'AI RÉUSSI À M'ÉVADER. LE PLUS DUR ÇA A ÉTÉ DE REVENIR DE MARS EN STOP...
EN CAS DE FORCE MAJEURE OU D'INCIDENT DONT LES RESPONSABLES SERAIENT LES TRANSPORTS PUBLICS, DEMANDEZ UN JUSTIFICATIF AUX AUTORITÉS COMPÉTENTES...
QUEL DOMMAGE, JE N'AI PLUS QU'À VOUS DONNER RENDEZ-VOUS EN SEPTEMBRE ! ALLEZ, BONNES VACANCES !!
C'est pas sa faute ! RATP
32

Tricher n'est pas jouer

"Ah bon ?!..."

Bernard Tapie

PAR DÉFI OU DÉSESPOIR, ON PEUT ÊTRE TENTÉ DE FRAUDER. POUR CE FAIRE, BON NOMBRE DE CANDIDATS USENT DE STRATAGÈMES AUSSI DIVERS QU'ASTUCIEUX...
PSSST !... SI TU M'PASSES PAS TA COPIE, T'ES MORT !!
SUR LA VIE D'MA REUM !!
PIGÉ ?
GLURPS !!

DE LA SIMPLE ANTISÈCHE À L'USAGE D'UN MATÉRIEL TECHNOLOGIQUEMENT ÉLABORÉ, UN BACHELIER SUR CENSURÉ AVOUE AVOIR OBTENU SON DIPLÔME EN AYANT EU RECOURS À UNE QUELCONQUE ARNAQUE...
BEN QUOI ?! KESKÉLA MA CALCULETTE ?!...

QUAND ON EST JEUNE, LE RISQUE FASCINE, ON N'EST PAS TOUJOURS À MÊME D'ÉVALUER LES RISQUES ENCOURUS.
t'as pas honte ?! Maman
ET MERD... !!

SE FAIRE PRENDRE LA MAIN DANS LE SAC AURA COMME CONSÉQUENCE IMMÉDIATE L'EXCLUSION DE L'ÉPREUVE.
OUVREZ LA BOUCHE, RECRACHEZ-MOI CES PREUVES !!
Mmm !!

PAR LA SUITE, VOUS SEREZ JUGÉ. LE CONSEIL DE DISCIPLINE POUVANT VOUS RADIER DE TOUT EXAMEN PUBLIC DURANT UNE PÉRIODE DE CINQ ANS !!
C'EST PAS JUSTE !!
À DIRE VRAI, JE N'AI MÊME PAS EU LE TEMPS D'M'EN SERVIR !!

Bien choisir son sujet

"C'est pas tous les jours Noël !"

Un santon anonyme

VOUS VOICI INSTALLÉ À LA TABLE DES INTERROGATOIRES. PREMIÈRE SURPRISE ET PAS DES MOINDRES : CE N'EST PAS PIRE QUE CE QUE VOUS AVIEZ PU IMAGINER...
IL N'A PAS L'AIR SI MÉCHANT QU'ÇA, LE BOURREAU DE SERVICE !...

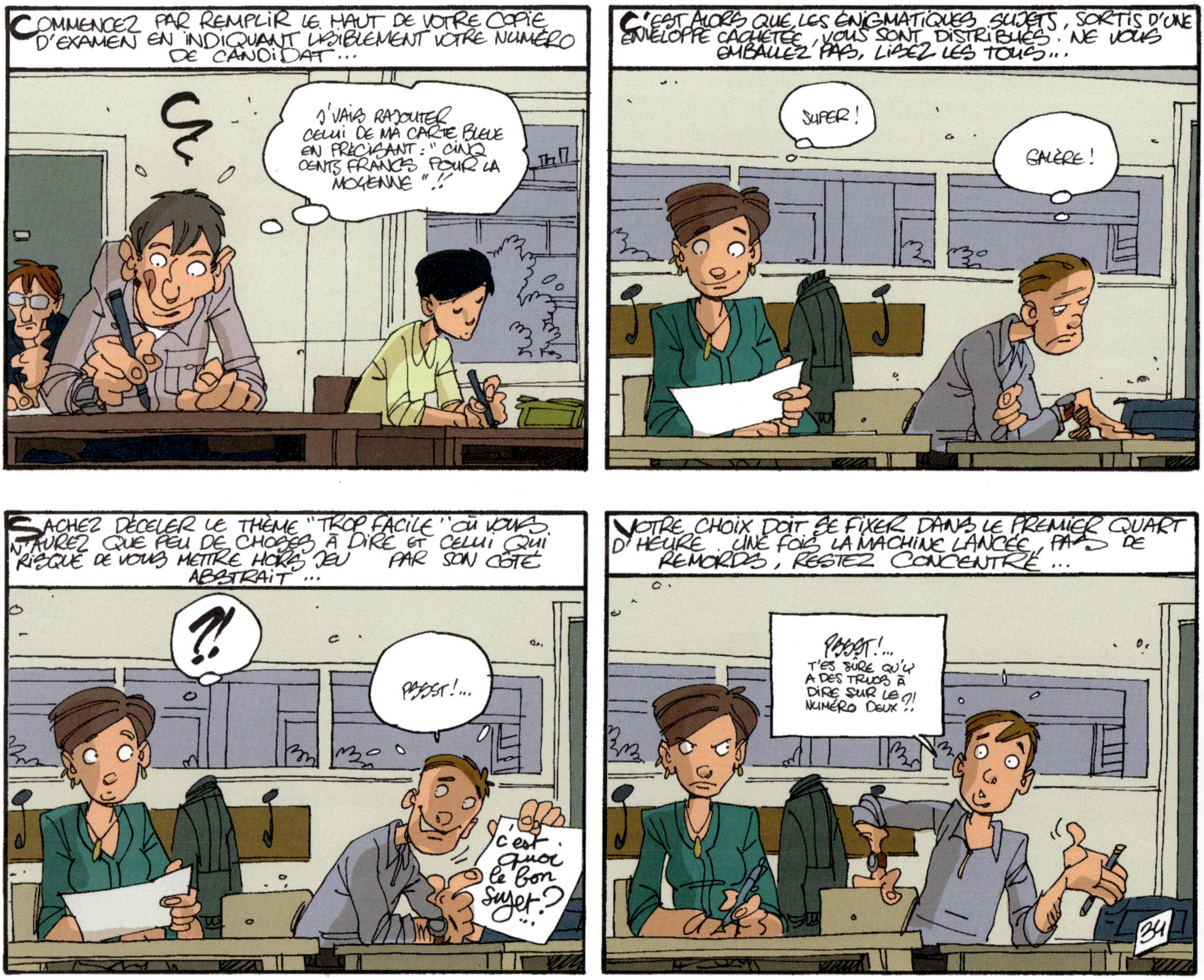
COMMENCEZ PAR REMPLIR LE HAUT DE VOTRE COPIE D'EXAMEN EN INDIQUANT LISIBLEMENT VOTRE NUMÉRO DE CANDIDAT...
J'VAIS RAJOUTER CELUI DE MA CARTE BLEUE EN PRÉCISANT : "CINQ CENTS FRANCS POUR LA MOYENNE" !
C'EST ALORS QUE LES ÉNIGMATIQUES SUJETS, SORTIS D'UNE ENVELOPPE CACHETÉE, VOUS SONT DISTRIBUÉS. NE VOUS EMBALLEZ PAS, LISEZ LES TOUS...
SUPER !
GALÈRE !
SACHEZ DÉCELER LE THÈME "TROP FACILE" OÙ VOUS N'AUREZ QUE PEU DE CHOSES À DIRE ET CELUI QUI RISQUE DE VOUS METTRE HORS JEU PAR SON CÔTÉ ABSTRAIT...
?!
PSSST !...
c'est quoi le bon sujet ?...
VOTRE CHOIX DOIT SE FIXER DANS LE PREMIER QUART D'HEURE. UNE FOIS LA MACHINE LANCÉE, PAS DE REMORDS, RESTEZ CONCENTRÉ...
PSSST !... T'ES SÛRE QU'IL A DES TRUCS À DIRE SUR LE NUMÉRO DEUX ?!

Gérer le temps imparti

"Parce que le temps, c'est de l'argent !"

Rolex

Vous venez de consacrer une dizaine de minutes à la lecture des sujets, c'est bien. Maintenant, passons aux choses sérieuses...
Bon, allons-y !... avec un peu de chance, la lumière se fera en cours de route !!

Durant le premier tiers de l'épreuve, élaborez sur un brouillon un plan clair où introduction et conclusion seront à mitonner aux petits oignons...
... en terminant par "tout est subjectif", j'pense pas prendre de risques ! ...
... l'important étant de donner envie et de laisser une bonne impression au correcteur !
Ce que vous allez lire maintenant bouleversera le cours de votre existence...
Hé bé, ça commence fort !!
Recopier au propre et développer ce qui est resté en suspens arrive en seconde partie.
J'vais écrire balèze, ça va faire du volume !!
Gardez les dix dernières minutes pour vous relire. Profitez-en pour soigner votre présentation et corriger d'éventuelles fautes d'orthographe.
RAÏÏÏINN
GG
Catastrophe !!... J'ai commencé par la conclusion !!

Soigner sa copie

"Pour obtenir un bac clean"

Monsieur Propre

REMETTRE UN DEVOIR LISIBLE ET PROPRE N'EST PAS CHOSE SUPERFLUE...
CHIPS AU BACON ! J'AI HORREUR DE ÇA, 3/20 !
SNIF SNIIIFF !!

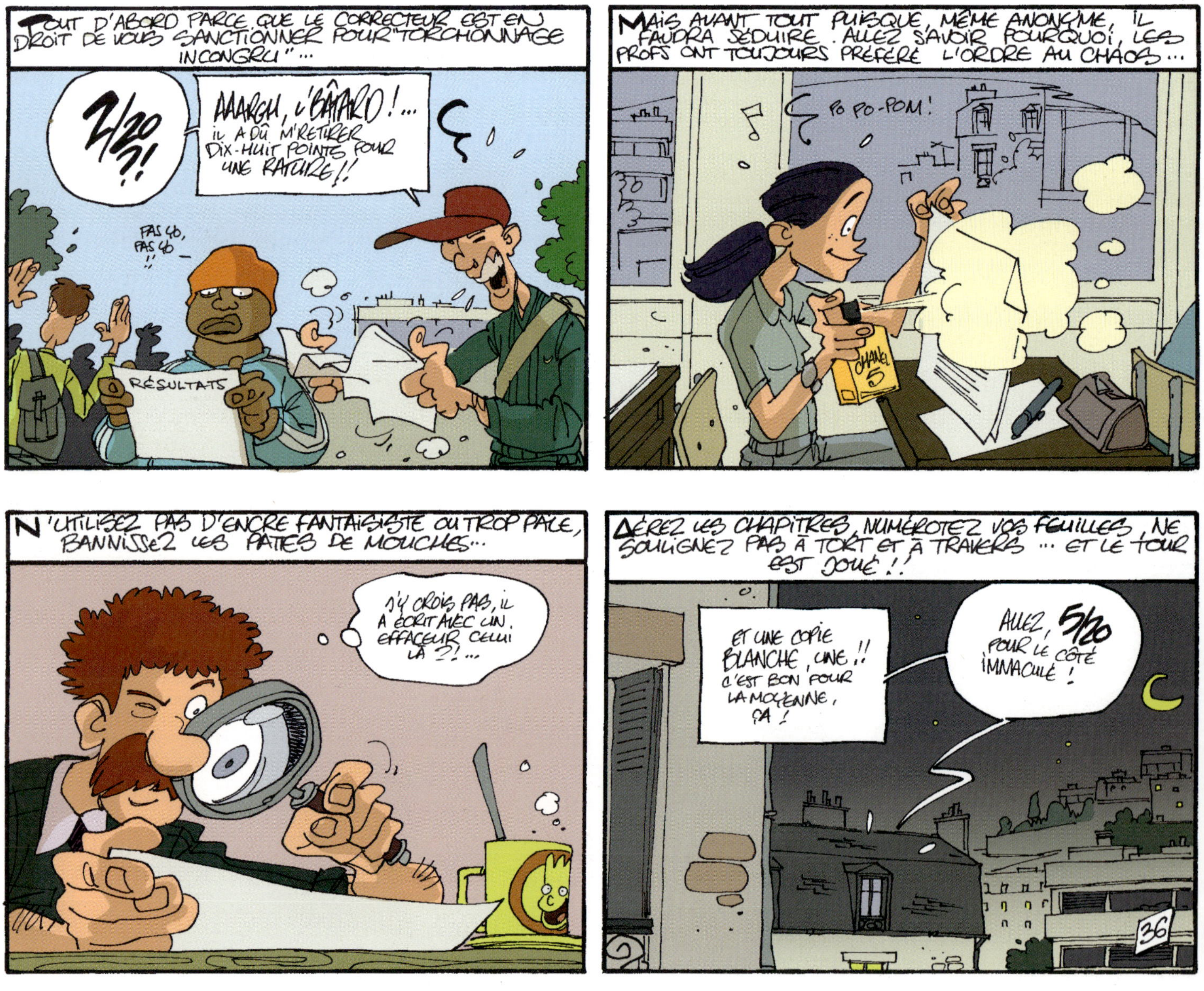
TOUT D'ABORD PARCE QUE LE CORRECTEUR EST EN DROIT DE VOUS SANCTIONNER POUR "TORCHONNAGE INCONGRU"...
2/20 ?!
AAARGH, L'BÂTARD !... IL A DÛ M'RETIRER DIX-HUIT POINTS POUR UNE RATURE !!
RÉSULTATS
MAIS AVANT TOUT PUISQUE, MÊME ANONYME, IL FAUDRA SÉDUIRE. ALLEZ SAVOIR POURQUOI, LES PROFS ONT TOUJOURS PRÉFÉRÉ L'ORDRE AU CHAOS...
PO PO-POM !
CHANEL 5
N'UTILISEZ PAS D'ENCRE FANTAISISTE OU TROP PÂLE, BANNISSEZ LES PATTES DE MOUCHES...
J'Y CROIS PAS, IL A ÉCRIT AVEC UN EFFACEUR CELUI LÀ ?!...
AÉREZ LES CHAPITRES, NUMÉROTEZ VOS FEUILLES, NE SOULIGNEZ PAS À TORT ET À TRAVERS ... ET LE TOUR EST JOUÉ !!
ET UNE COPIE BLANCHE, UNE !! C'EST BON POUR LA MOYENNE, ÇA !
ALLEZ, 5/20 POUR LE CÔTÉ IMMACULÉ !
36

Traquez le trac

"Désolé, je n'ai pas voulu te faire peur !"

Quasimodo

LE RÉSULTAT DE L'ORAL SERA ÉGAL À LA SOMME DE VOS CONNAISSANCES MULTIPLIÉE PAR VOTRE FACTEUR ÉMOTIONNEL. MIEUX VAUT DONC ÉVITER D'AVOIR LE TROUILLOMÈTRE À ZÉRO.
-SUIVANT!!
EUH, JE CROIS QU'IL VIENT DE S'ÉVANOUIR!!

APPRENDRE À MAÎTRISER SON STRESS EST PRIMORDIAL. LA VEILLE, FAITES-VOUS UNE PETITE RÉPÉTITION EN IMAGINANT CE À QUOI VA BIEN POUVOIR RESSEMBLER L'EXAMEN...
SALUT BONHOMME ! ALORS, PARAÎT QU'T'AS DES QUESTIONS À M'POSER ?!
ADOPTEZ UNE ATTITUDE DÉCONTRACTÉE. ÊTRE PROSTRÉ SUR SA CHAISE NE PEUT QUE VOUS ENFERMER SUR VOUS-MÊME, VOUS BLOQUER DANS VOS RÉFLEXIONS...
bonjour monsieur, alors... euh!.. il paraît que vous avez des questions à me poser ?!...
RESPIRER PROFONDÉMENT APAISE. PLUS VOUS SEREZ POSÉ, MIEUX VOUS METTREZ VOTRE SAVOIR EN AVANT...
HUMMFFF!!
POP
ARRIVEZ À L'ÉPREUVE REPOSÉ, AVEC UNE TENUE CORRECTE DANS LAQUELLE VOUS VOUS SENTEZ À L'AISE...
PARLEZ PLUS FORT, JE N'ENTENDS RIEN!!
peux pas, ma cravate est trop serrée!!...
GÂÂARGL!

Quelques conseils pour s'en sortir

"Et hop, c'est dans la poche !"

Skippi

L'EXAMINATEUR VIENT DE SÉLECTIONNER UN SUJET PARMI VOTRE LISTE. VOUS DISPOSEZ DE VINGT MINUTES AFIN DE LE PRÉPARER AU MIEUX ...
CELUI-LÀ ?!... Z'ÊTES SÛR, PASKE J'EN AI D'AUTRES VACHTI PLUS INTÉRESSANTS !!

AU BROUILLON, FAITES UN PLAN, RÉDIGEZ INTRODUCTION ET CONCLUSION. ÉVITEZ DE LIRE VOS NOTES, DÉVELOPPER EN DIRECT TIENDRA VOTRE INTERLOCUTEUR ÉVEILLÉ ...
HUM, HUM !... VOILÀ, C'EST FINI !!
HEIN ? EUH, BON, SI VOUS L'DITES !! ...
À LA LECTURE, NE LAISSEZ PAS VOS YEUX RIVÉS SUR LE TEXTE. MONTREZ QUE VOUS AVEZ DE L'AISANCE, RELEVEZ LA TÊTE ...
TO BE OR NOT TO BE, ZATIZ ZEU KOUAICHTION !!
PRENEZ POSITION, METTEZ DE LA PASSION, RÉPONDEZ SPONTANÉMENT AUX QUESTIONS POSÉES EN UTILISANT LE LANGAGE QUI EST LE VÔTRE ...
BON, JE VAIS VOUS EXPLIQUER, PASKE LÀ, VOUS AVEZ L'AIR DE PATAUGER !!
SOYEZ CONFIANT, DYNAMIQUE, NATUREL, OUVERT ET FRANC. L'EXAMINATEUR A HORREUR D'AVOIR L'IMPRESSION D'INTERROGER UN DICTAPHONE ...
MOUI !
BLA BLA BLA
BLA BLA BLA
BLA BLABLA BLA
BLA BLA
38

Parler franc, sans franc-parler

"…"

Le mime Marceau

VOUS FAITES FACE À VOTRE EXAMINATEUR. OPTEZ POUR UNE PRISE DE CONTACT TOUT EN SOURIRE ...
BONJOUR!
BEUARK!

CAPTER SON REGARD EST LE PLUS SÛR MOYEN DE CAPTER SON ATTENTION ...
VOS PAUPIÈRES SONT LOURDES, TRÈS LOURDES!!
OUAIP! MAIS PAS AUTANT QUE TOI, MA COCOTTE!!
JOUER LA CARTE DU DIALOGUE EST CONSEILLÉ. FAITES-VOUS ÉCLAIRER VOTRE LANTERNE PLUTÔT QUE DE BRODER DANS LE HORS SUJET...
AH OUI!!... J'VOIS TOUT À FAIT C'QUE VOUS VOULEZ DIRE!
IN ENGLISH, PLEASE!
GARDEZ QUELQUES CARTOUCHES, NE LES GRILLEZ PAS TOUTES LORS DE L'INTRODUCTION, VOUS AVEZ VINGT MINUTES À TENIR!!
Ce que j'en pense ?... ben disons que j'suis d'accord paske euh... c'est la vérité et que... euh... on est toujours d'accord avec la vérité...
BALANCEZ TOUT CE QUE VOUS AVEZ À DIRE : UNE FOIS LES TALONS TOURNÉS, IL SERA TROP TARD ...
AU FAIT, J'AI OUBLIÉ D'VOUS DIRE UN TRUC TOUT À L'HEURE!! ...
39

L'attente des résultats

"Ton tour viendra..."

Nostradamus

TERMINUS, TOUT LE MONDE REDESCEND... LA CLOCHE A SONNÉ. LE MOMENT TANT ATTENDU EST ARRIVÉ. MÊME SI VOUS ÊTES ENCORE SOUS LE CHOC, IL EST IMPÉRATIF DE SOUFFLER...
ENFIN, C'EST FINI !!
OUAIP !... TOUT EST FINI !!

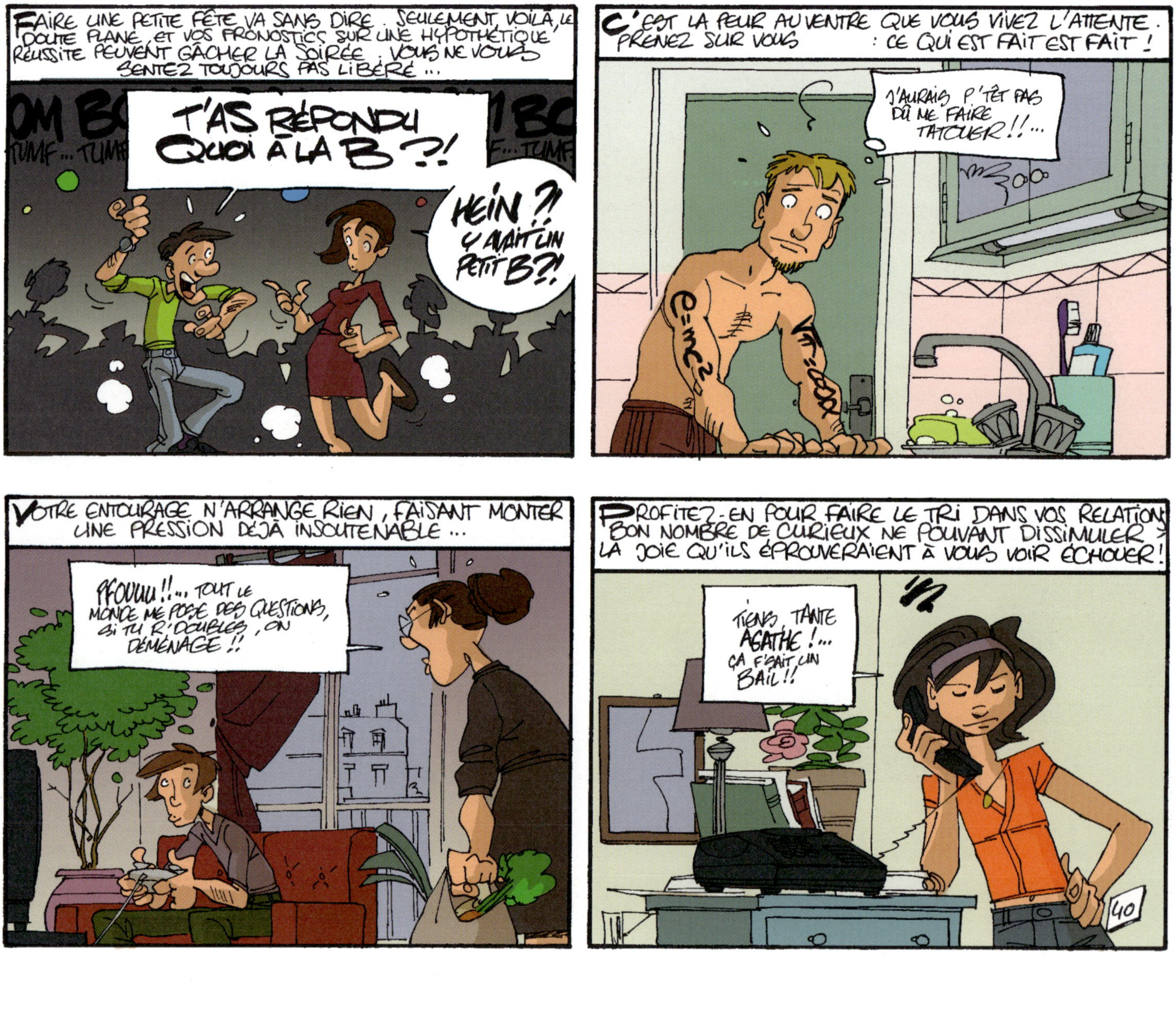
FAIRE UNE PETITE FÊTE VA SANS DIRE. SEULEMENT, VOILÀ, LE DOUTE PLANE, ET VOS PRONOSTICS SUR UNE HYPOTHÉTIQUE RÉUSSITE PEUVENT GÂCHER LA SOIRÉE. VOUS NE VOUS SENTEZ TOUJOURS PAS LIBÉRÉ...
T'AS RÉPONDU QUOI À LA B ?!
HEIN ?! Y AVAIT UN PETIT B ?!
C'EST LA PEUR AU VENTRE QUE VOUS VIVEZ L'ATTENTE. PRENEZ SUR VOUS : CE QUI EST FAIT EST FAIT !
J'AURAIS P'TÊT PAS DÛ ME FAIRE TATOUER !!...
VOTRE ENTOURAGE N'ARRANGE RIEN, FAISANT MONTER UNE PRESSION DÉJÀ INSOUTENABLE...
PFOUUU !!... TOUT LE MONDE ME POSE DES QUESTIONS, SI TU R'DOUBLES, ON DÉMÉNAGE !!
PROFITEZ-EN POUR FAIRE LE TRI DANS VOS RELATIONS. BON NOMBRE DE CURIEUX NE POUVANT DISSIMULER LA JOIE QU'ILS ÉPROUVERAIENT À VOUS VOIR ÉCHOUER !
TIENS, TANTE AGATHE !... ÇA F'SAIT UN BAIL !!
40

Suite et fin

Le verdict

"On récolte ce que l'on sème !"

Le Petit Poucet

VOUS ALLEZ ENFIN ÊTRE FIXÉ. C'EST LE CERVEAU VIDE ET LA LANGUE SÈCHE QUE VOUS VOUS RÉVEILLEZ EN CE BEAU MATIN D'ÉTÉ...
FROTT FROT

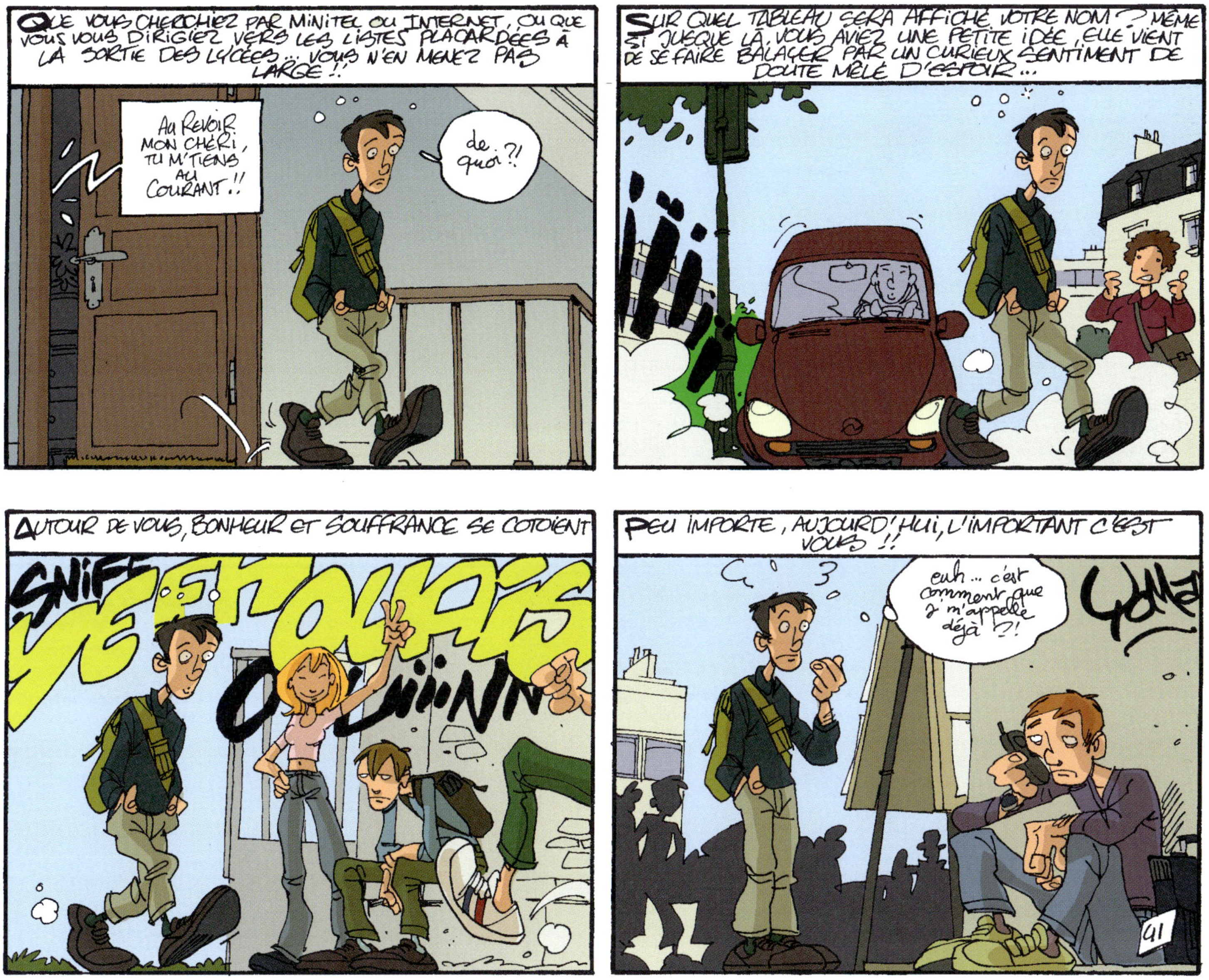
QUE VOUS CHERCHIEZ PAR MINITEL OU INTERNET, OU QUE VOUS VOUS DIRIGIEZ VERS LES LISTES PLACARDÉES À LA SORTIE DES LYCÉES... VOUS N'EN MENEZ PAS LARGE !!
AU REVOIR MON CHÉRI, TU M'TIENS AU COURANT !!
de quoi ?!
SUR QUEL TABLEAU SERA AFFICHÉ VOTRE NOM ? MÊME SI JUSQUE LÀ, VOUS AVIEZ UNE PETITE IDÉE, ELLE VIENT DE SE FAIRE BALAYER PAR UN CURIEUX SENTIMENT DE DOUTE MÊLÉ D'ESPOIR...
AUTOUR DE VOUS, BONHEUR ET SOUFFRANCE SE CÔTOIENT
SNIFF
OUAIS
OUIIINN
PEU IMPORTE, AUJOURD'HUI, L'IMPORTANT C'EST VOUS !!
euh... c'est comment que j'm'appelle déjà ?!
41

Une dernière chance

L'oral de rattrapage

"Yo-io-io-i-ouille !...
Encore une liane de pourrite !!"

Tarzan

Les résultats sont tombés. Si votre moyenne se situe entre huit et dix, vous allez devoir passer l'oral de rattrapage...
AAARGH, NOOON!!
L'enfer continue!!

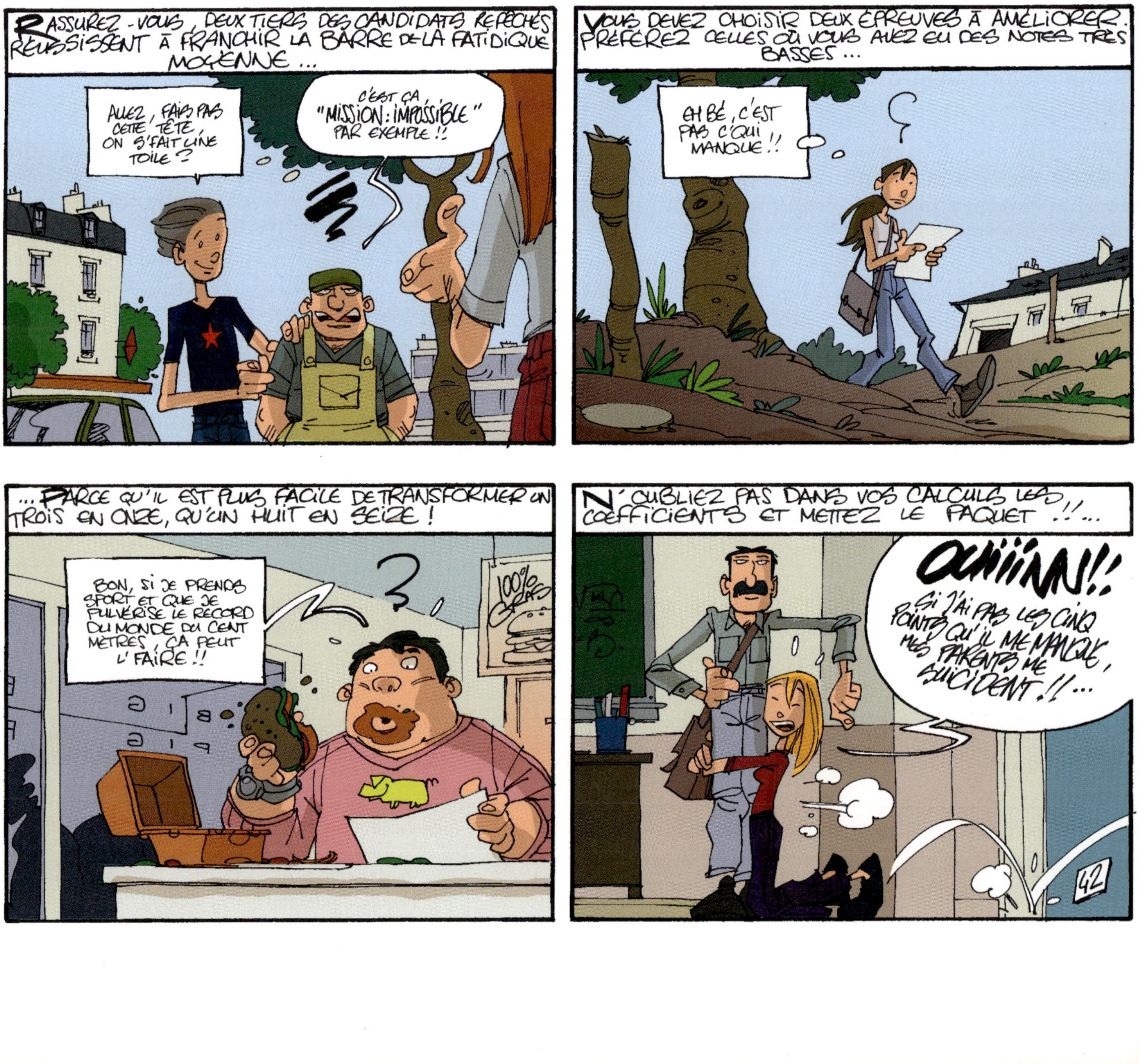

Rassurez-vous, deux tiers des candidats repêchés réussissent à franchir la barre de la fatidique moyenne...
Allez, fais pas cette tête, on s'fait une toile ?
C'est ça, "Mission: impossible" par exemple!!
Vous devez choisir deux épreuves à améliorer. Préférez celles où vous avez eu des notes très basses...
Eh bé, c'est pas c'qui manque!!
...Parce qu'il est plus facile de transformer un trois en onze, qu'un huit en seize !
Bon, si je prends sport et que je pulvérise le record du monde du cent mètres, ça peut l'faire!!
100% gras
N'oubliez pas dans vos calculs les coefficients et mettez le paquet!!...
Ouiiinn!!
Si j'ai pas les cinq points qu'il me manque, mes parents me suicident!!...
42

Une victoire à déguster

Réussi !

“Pourtant les échecs, c’est bien aussi !”

Kasparov

IL N'EXISTE PAS DE SUPERLATIF POUR DÉCRIRE LA JOIE QUE VOUS ÉPROUVEZ : VOUS ÊTES BACHELIER !
OH CENSURÉ CENSURÉ D' CENSURÉ DE ...!!
J'Y CROIS PÔ !!
QUAND J'ENTENDS ÇA, MOI NON PLUS !!

VOS EFFORTS ONT ÉTÉS RÉCOMPENSÉS. VOUS ÊTES DEVENU LE SYMBOLE D'UN SUCCÈS MÉRITÉ, LE COURAGE ET LA PERSÉVÉRANCE INCARNÉS !
SALUT PA' SALUT M'MAN, VOUS POUVEZ INVESTIR DANS UNE CHEMINÉE... J'AI D'QUOI LA DÉCORER !!
CEUX QUI AURAIENT PU EN DOUTER EN PRENNENT POUR LEUR GRADE. VOUS FAITES PARTIE DE LA CASTE DES "INTOUCHABLES"...
ALLÔ, TANTE AGATHE ?!... COMME T'AVAIS L'AIR DE T'FAIRE DU SOUCI POUR MOI, J'ME PERMETS DE TE RAPPELER !!
LA PERSPECTIVE DES VACANCES S'ANNONCE RADIEUSE, TOUT COMME CET AVENIR QUE VOUS VOUS ÊTES FORGÉ À LA FORCE DU POIGNET...
HIC
HOC
...IL A BU SON VERRE COMME LES 20-Ô-TRES !!
HIPS
MÊME SI VOTRE DIPLÔME VOUS REND EUPHORIQUE, RESTEZ HUMAIN : AYEZ DE LA COMPASSION ENVERS CEUX QUI N'ONT PAS EU VOTRE CHANCE...
ALLONS, POSITIVE VIEUX ! TIENS J'T'INVITE À PRENDRE UNE KRO POUR FÊTER MA RÉUSSITE !/...
43

Et après

De grandes et belles perspectives

"...comme la perspective cavalière, par exemple ?"

Yves Saint Martin

DIPLÔME EN POCHE, VOUS N'ÊTES, HÉLAS, PAS SORTI DE L'AUBERGE...!
BON, TRÈS BIEN VOUS AVEZ VOTRE BAC !... MAIS KESKE VOUS SAVEZ FAIRE AU JUSTE ?!
BEN... DU SKI !

VOUS AVEZ FRANCHI AVEC SUCCÈS UNE ÉTAPE ET JE VOUS EN FÉLICITE. MAINTENANT, IL S'AGIT UNE NOUVELLE FOIS D'AFFINER VOTRE ORIENTATION ... L'IMPORTANT ÉTANT DE SAVOIR NAVIGUER AVEC BONHEUR SUR LE CHEMIN DE LA VIE !
HEP MAM'ZELLE, C'EST ICI LA FILE D'ATTENTE POUR LES INSCRIPTIONS À LA FAC ?!...
TOUT COMME, C'EST LA QUEUE POUR L'ANPE !!
44

Cet album a été achevé d'imprimer
en novembre 2004
sur les presses de l'imprimerie Pollina
à Luçon pour la SEFAM
22 rue Huyghens, 75014 Paris

Dépôt légal : avril 2001
N° édition 23025
ISBN 2-226-12182-X
Imprimé par Pollina, en France - N° L95091